DAGMAR HÖNER

HERZSTÜCKE IN OSTWESTFALEN-LIPPE

BESONDERES ABSEITS DER BEKANNTEN WEGE **ENTDECKEN**

BRUCKMANN

Liebe Leserin, lieber Leser,

Ostwestfalen-Lippe – das hört sich erst mal langweilig und spießig an. Doch hinter der umständlichen Bindestrich-Kombination verbirgt sich eine Region, die erstaunlich viele landschaftliche, kulturelle und kulinarische Facetten aufweist. Diese erschöpfen sich jedoch noch lange nicht bei den Externsteinen, dem Hermannsdenkmal oder dem Pickert; spannend wird es bei den versteckten Highlights, die nicht jeder kennt. 100 davon finden Sie in diesem Buch – 100 mal entdecken, staunen und genießen – viel Spaß dabei!

Ihre Dagmar Höner

IMMER EINE SÜNDE WERT!

MEINE **LIEBLINGSLÄDEN** ZUM **ESSEN, TRINKEN UND EINKAUFEN**

1 | Streetfood mal anders S. 6
2 | Sachen, die Freude machen S. 9
3 | Kurioses im Kotten S. 10
4 | Warten Sie doch mal! S. 13
5 | Kultkneipe am Jakobsberg S. 14
6 | Schokolade trifft Kunst S. 14
7 | Rundum-Sorglos- Paket im Grünen S. 16
8 | Neue Triebkraft im alten Bahnhof S. 19
9 | Bohnen-Business aus Leidenschaft S. 20
10 | Die Kräuterbitter-Spezialisten S. 23
11 | Kieztreffen im Café S. 24
12 | Aus vollem Schrot und Korn S. 27
13 | Handgemachte Käse-Köstlichkeiten S. 28
14 | Heimat shoppen S. 31
15 | Der Kunst- und Handwerksladen S. 32
16 | Mit Miezi per du S. 35
17 | Einkaufen und einkehren S. 35
18 | Der Genuss-Botschafter S. 36
19 | Mehr als ein Hofladen S. 39
20 | Gute alte Sortenvielfalt S. 40
21 | Die gute Stube S. 43
22 | Beim Taschenmacher S. 44
23 | Upcycling Art S. 44
24 | Die Heilige Schrift erleben S. 47

01 STREETFOOD MAL ANDERS

Schon mal frittierte Nudelbällchen gegessen? Oder mit Thunfisch und Mozzarella gefüllte Teigtaschen? Diese Neuinterpretationen der römischen beziehungsweise tunesischen Küche finden Sie wider Erwarten nicht in einer großstädtischen Metropole, sondern in einer ostwestfälischen Kleinstadt.

Die alte Kneipe am Ortsausgang von Enger gibt es schon lange. Ein Lokal, das bereits von verschiedenen Gastronomen betrieben, aber auch genauso schnell wieder aufgegeben wurde. Was die jetzigen Inhaber von Widufood schade fanden. »Man müsste doch was machen mit diesem alten Gebäude«, so schildert Alessio Loriga seine Motivation, die ihn und seinen Freund Hichem Baffoun dazu brachte, einen neuen Versuch zu wagen.

Um das Lokal vom angestaubten Image der 1980er-Jahre-Gastronomie in einen hippen Szenetreff zu verwandeln, brauchte es viel Arbeit und Kreativität: Die Gasträume wurden umgestaltet, altes Mobiliar bearbeitet und neu gestrichen. Mit überzeugendem Resultat: Statt altdeutscher Gemütlichkeit mit dunklen, schweren Möbeln herrscht nun eine klare Formensprache mit einfachen Holzstühlen, farbigen Wänden und hellen Tischen.

Auch gastronomisch erdachten die beiden Betreiber von Widufood ein neues Konzept: Es sollte Streetfood geben, aber nicht nur Hamburger. Als Loriga und Baffoun an ihren italienischen beziehungsweise tunesischen Wurzeln gruben, fanden sie zwei Gerichte, die die Speisekarte des kleinen Restaurants besonders machen: Zum einen Supplís, im Original frittierte Reisbällchen aus der römischen Küche, die von den Engeranern mit Nudeln gekonnt verändert wurden. Außerdem Chapatis, die in der tunesischen Küche verbreitet sind. Im Widufood können Sie sie mit Gemüse, Käse und Harissa gefüllt sowie mit Thunfisch oder Chicken genießen. Neben diesen Spezialitäten gibt es im neuen Streetfood-Restaurant aber auch Burger und Bowls, Salate und Pommes.

Appetit bekommen? Dann schauen Sie doch einfach mal vorbei im Widufood. Die leckeren Gerichte können Sie auch mitnehmen.

Widufood · Bielefelder Str. 33 · 32130 Enger · www.instagram.com/widufood · Do–Mo 16–23 Uhr · Haltestelle: Hasenpatt Bus 54, 647

BADEN
BADEN

Das Beste
BALKONGÄRTNERN IM KLIMAWANDEL
BAU
2024
24
Idée Fixe
Paper-Lantern
PAAR PLANER

SACHEN, DIE FREUDE MACHEN

02

Buch- und Schreibwarengeschäft, Geschenkeshop, Spielzeugladen – ja, was ist es denn nun, die Auslese in Herford? So genau sagen kann man das nicht. Fest steht nur, dass es sich immer lohnt, in der einzigartigen Mischung aus Praktischem, Nützlichem und Verrücktem zu stöbern.

»Schöne Sachen«, so beschreibt Ladenbetreiber Dirk Strehl selbst kurz und knapp das Sortiment seines Buchladens im Elsbach Haus in Herford. Das heißt übersetzt: Hier gibt es nicht nur besondere Grußkarten, für die Leute auch über die Stadtgrenzen hinaus extra herkommen. Daneben finden Sie hier hübsches Spielzeug, kleine, originelle Geschenke und sonstiges »Gedöns«. Außerdem natürlich auch das, was man in einem normalen Buchladen erwarten würde: ausgewählte Bücher, Schreibwaren, Notizbücher und Kalender.

Nur einen Katzensprung entfernt über die Straße liegt das bekannte Museum MARTa des berühmten amerikanischen Architekten Frank O. Gehry.

Doch nicht nur das Sortiment des Buchladens ist einzigartig, auch das Gebäude, in dem es ansässig ist, kann sich sehen lassen. Denn die Auslese befindet sich im Elsbach Haus, das Anfang des 20. Jahrhunderts Sitz der größten Wäschefabrik Europas war. An die einstige »Herforder Hemdenfabrik J. Elsbach & Co.« beziehungsweise an das Schicksal ihrer jüdischen Besitzer erinnern noch heute diverse Ausstellungsflächen im Gebäude sowie ein stelenartiger Bibliotheksturm im Foyer.

Nach diversen Umnutzungen ist das prägende Jugendstilgebäude der ehemaligen Hemdenfabrik zu einem Ort der Vielfalt geworden: Nicht nur können Sie in der großzügigen, offenen Atmosphäre ohne trennende Wände auf insgesamt fünf Etagen entspannt shoppen gehen, im Haus befinden sich auch Räume zum Arbeiten sowie ein Restaurant. Zudem hat sich das Elsbach Haus als kreativer Veranstaltungsort etabliert: Lesungen, Vorträge, Ausstellungen, Konzerte oder auch Messen finden in der einzigartigen Treppenhausgalerie, auf dem Vorplatz oder im einladenden Foyer statt.

Buchladen Auslese · Goebenstr. 3–7 im Elsbach-Haus · 32052 Herford · www.auslese-herford.de · Mo 13–18, Di–Fr 10–18, Sa 10–15 Uhr · Haltestelle: MARTa Bus 425, 646, 647, 648

03 KURIOSES IM KOTTEN

Den alten Kotten noch irgendwie zu nutzen war das Hauptanliegen von Romana Stallmann, als die letzte Mieterin gegangen war. Mittlerweile ist er ein besonderer Hofladen mit kulinarischen Köstlichkeiten und originellen Geschenkartikeln sowie ein besonderer Ort für ein besonderes Frühstück.

»Eigentlich wollte ich mit drei Frauen aus Altenhüffen einen Hofladen aufmachen und dort selbst gemachte Marmelade verkaufen«, erzählt Romana von den Anfängen von CottenLandArt. Das Ziel: Das Obst aus dem eigenen Familienbetrieb verwerten, denn die Äpfel von Opas Boskoop-Baum waren riesig, aber sauer.

Doch das Konzept ging nicht so richtig auf. Zwar pflanzte die Chefin von CottenLandArt Obststräucher und -bäume, verkaufte Äpfel und stellte auch hin und wieder Obstlikör selbst her, aber der Laden entwickelte sich grundsätzlich in eine andere Richtung. Romana kaufte viele Artikel von kulinarischen Spezialitäten über Textilien bis hin zu kunsthandwerklichen Artikeln zu. Teilweise waren es Tipps von Kundinnen, die die Ladeninhaberin umsetzte, teilweise folgte sie Trends oder probierte einfach aus, was funktionierte und was nicht. Wichtig dabei war der Betreiberin des Ladengeschäfts im Kotten jedoch immer, Besonderes anzubieten, das sich nicht überall kaufen lässt: Dänisches Geschirr, Kerzen und Deko, exquisite Gewürze, Spirituosen und Feinkost, Pflanzen zum Selberziehen, Holzclogs, englische Chips und außergewöhnliche Stempel zum Beispiel. Selbstverständlich alles in Bio-Qualität und nachhaltig.

Klar, dass es in solch einem besonderen Geschäft auch Besonderes zu essen gibt. Immer samstags, zu den Öffnungszeiten des Ladens, können Sie im exklusiven Rahmen des »Mini-Café« mit bis zu acht Personen Platz nehmen und sich von Romana verwöhnen lassen. Bei einem reichhaltigen Frühstück wie zu Hause gilt es nicht nur, ausgewählten Secco und die hauseigene Kaffeemischung zu verkosten, sondern auch das besondere Ambiente des historischen Kottens aus dem Jahr 1750 zu genießen.

CottenLandArt · Habighorster Weg 357 · 32257 Bünde · Frühstück/Weinproben telefonisch vereinbaren · www.cottenlandart.de · Sa 9–14 Uhr · Haltestelle: Tischlerei Ludewig Bus 577

home
sweet
home
GESCHIRRTÜCHER
100% Baumwolle
ALTUM

KAISER-DENKMAL
an der Westfalika.
GRUSS vom
Bahnhof Löhne
Denkmal.
O grüss dich Gott du rothe Erde Du Land von Wittekind u. Teut.
lag von W. Menchhoff, Herford
Lithografische Postkarte, 1898
Sammlung J. Geyh
Für weitere Informationen QR-Code scannen

WARTEN SIE DOCH MAL! 04

Wann haben Sie das letzte Mal so richtig entspannt gewartet? In gemütlicher Atmosphäre, mit interessantem Lesestoff und womöglich auch mit einem leckeren Getränk oder Snack dazu? Im Bahnhof Löhne gelingt dies problemlos. Zudem bieten die alten Wartesäle ein außergewöhnliches Ambiente.

So kann es nicht bleiben! Das dachten sich viele Löhnerinnen und Löhner immer dann, wenn sie ihren verwahrlosten Bahnhof betrachteten. Und das war ein guter Grund, um eine Initiative zu gründen mit dem Ziel, den rund hundert Jahre alten Bahnhof wieder mit Leben zu füllen. Aus diesen Anfängen entwickelte sich eine Art Bürgerbewegung, die die historischen Gebäude als »Dritten Ort« begreift, einen öffentlichen Ort der Begegnung und zum Verweilen, für Veranstaltungen und Kultur. Gestalt angenommen hat dieser »Dritte Ort« in Form eines Bistros, das Sie mit einem hochwertigen Frühstück aus regionalen Produkten versorgt. Daneben mit Warm- und Kaltgetränken, belegten Brötchen, frischen Waffeln, Kuchen und herzhaften Leckereien. Dieses alles können Sie morgens im Alten Auswanderersaal und nachmittags im Alten Wartesaal genießen, in Räumen also, die Geschichte atmen.

Gut gegen Langeweile: Die Stadtbücherei stellt Zeitschriften und Bücher für Erwachsene und Kinder zum Schmökern und Vorlesen bereit.

Doch das ist nicht alles, was der alte Bahnhof kann. Wenn Sie mögen, schnuppern Sie doch mal hinein in das reichhaltige kulturelle Angebot der historischen Säle. Denn am Nachmittag, in den Abendstunden und am Wochenende finden hier diverse Veranstaltungen statt: Diese reichen von Pubquiz bis Kaffeeklatsch und Handarbeitstreff, von offenem Singen bis Bilderbuch-Kino, von Manga-Workshop über Kinoabend oder Konzert.

Machen Sie am besten einen kleinen Zwischenstopp auf Ihrer nächsten Bahnreise und überzeugen sich selbst vor Ort davon, dass man in Löhne nicht nur umsteigen, sondern auch ganz genüsslich verweilen kann.

Löhne umsteigen Der Bahnhof · Bünder Str. 7 · 32584 Löhne · www.loehne-umsteigen.de · Bistro Mo–Fr 7.30–11.30 (Auswanderersaal), Mo–Fr 14–17 Uhr (Alter Wartesaal) · Haltestelle: Bahnhof Löhne

05 KULTKNEIPE AM JAKOBSBERG

Die alte, verschnörkelte Inschrift »Restaurant und Sommerfrische Friedrichshöhe« prangt noch immer an der Fassade des großen Ziegelhauses in Steinhagen-Amshausen. Aus dem beliebten Ausflugslokal von einst ist längst eine kultige Kneipe geworden. Im Inneren der Friedrichshöhe erwartet Sie ein Sammelsurium an skurrilen Dingen von Sätteln bis Trockenhauben, und es gibt eine unkonventionelle, handgeschriebene Speisekarte. Außerdem können Sie hier auf einem der fünf Billardtische mal wieder eine ruhige Kugel schieben. Weitere Highlights: »Rock Oldie Nights« mit DJ Lütti, ein reichhaltiges Sonntags-Frühstücksbüfett und der lauschige Biergarten.

Gaststätte Friedrichshöhe · Kaistr. 48 · 33803 Steinhagen · www.friedrichshoehe.de · Di, Mi ab 17, Do, Fr ab 16, Sa ab 14, So ab 10 Uhr

06 SCHOKOLADE TRIFFT KUNST

Schoko-Lade-Station. So heißt der Werksverkauf der Meybona Schokoladen in Löhne. Folgerichtig können Sie hier Schokolade (nach)laden bzw. erwerben. Doch nicht irgendwelche Kakaoerzeugnisse, denn in dem kleinen Laden gibt es neben ausgesuchten Bio- und Ursprungsschokoladen auch Kreationen, die wie gesprenkelte Kunstwerke aussehen, die sogenannten Collagenschokoladen. Das Besondere: Die bunten Toppings wie Früchte, Nüsse und Gewürze werden per Hand auf die Tafeln gestreut und sind somit tatsächlich echte Kunstwerke. Doch das ist nicht das einzige außergewöhnliche Qualitätsmerkmal der Meybona-Schokoladen: Auch die Kakaobohnen werden vor Ort geröstet, getreu dem Firmenmotto seit 1923: From Bean to Bar; von der Bohne bis zur Tafel.

Meybona Schokoladen · Alter Postweg 255 · 32584 Löhne · www.meybona.de · Werksverkauf Mi, Do 13–17, Fr 10–17 Uhr · Haltestelle: Heimatmuseum Bus 431

Restaurant u. Sommerfrische „Friedrichshöhe"
HOLSTEN

Meybona
KAKAO GOURMET
FREUDE TRADITION
PASSION LEIDENSCHAFT
SCHOKOLADE WINTER
KUNSTWERK
COLLAGE
KNOW-HOW
HIMMLISCH
QUALITY
GEBRANNTE MANDEL-ORANGE
VOLLMILCHSCHOKOLADE
FAIRTRADE
COCOA
LEBEN
GLÜCK
WINTER
Meybona
KAKAO GOURMET
FREUDE TRADITION
PASSION LEIDENSCHAFT
SCHOKOLADE GENUSS
BEAN TO BAR KUNSTWERK
COLLAGE
KNOW-HOW
KOMPOSITION
FAMILY
PRECIOUS
COMPANY
COCOA
LECKER
TEMPTATION
QUALITY
PISTAZIE-KAFFEE
WEISSE SCHOKOLADE
FAIRTRADE
COCOA
QUALITÄT
HIMMLISCH
HAPPINESS
VERFÜHRUNG
LEBEN
GLÜCK
CHOCOLATE

07 RUNDUM-SORGLOS-PAKET IM GRÜNEN

Darf's ein bisschen mehr sein? Dann sollten Sie unbedingt dem Bauerngärtchen in Kirchdornberg einen Besuch abstatten. Denn dort können Sie nicht nur gemütlich sitzen und Kaffee trinken, sondern auch einkaufen, Tiere streicheln, reiten oder bei einem Bobbycar-Rennen mitfiebern.

Es wirkt ein bisschen wie ein Mini-Zoo, das Areal, das Sie betreten, wenn Sie die kleine Gartenpforte an der Kirchdornberger Straße hinter sich schließen und das Hofgelände mit den großen Laubbäumen, den Gehegen und Ställen sowie einem alten Bauernhaus in Augenschein nehmen: Ziegen laufen meckernd umher, Hühner wuseln pickend zwischen Tischen und Bänken, Schweine suhlen sich im Koben, Pferde warten am Zaun auf eine Streicheleinheit.

> Ein Highlight sind Planwagenfahrten in die Umgebung, die man für unterschiedliche Anlässe (Geburtstag, Junggesellenabschied) buchen kann.

Besonders für die Kleinen sind die Tiere ein Highlight; doch auch die älteren Gäste kommen hier nicht zu kurz: Im Bauernhaus lässt sich ein vielfältiges Sortiment an Biowaren, Obst und Gemüse, Wurst und Käse entdecken, das ein kleiner Laden bereithält. Am besten versorgen Sie sich gleich mit leckeren Getränken und selbst gebackenem Kuchen. Anschließend nehmen Sie dann im Garten im Schatten der alten Bäume Platz und genießen einen wunderbar entspannten Nachmittag – der Spielplatz für die Kleinsten liegt gleich nebendran.

Danach schlendern Sie gemütlich durch die ganze Anlage und machen Bekanntschaft mit den Tieren, schauen bei den Enten und Kaninchen vorbei und staunen über die kleinen Rennfahrer auf dem Bobbycar.

Im Winter können Sie es sich im Bauernhaus gleich in mehreren Räumen gemütlich machen: Der alte Stall erwartet Sie ebenso wie der Heuboden; gut sitzen lässt sich aber auch auf der ehemaligen Mistplatte vor dem Kamin. Für die Kids ist ebenfalls gesorgt: Sie können im alten Kuhstall spielen.

Das Bauerngärtchen · Kirchdornberger Str. 79 · 33619 Bielefeld Dornberg · www.das-bauerngärtchen.de · Di–Fr 14–18, Sa 10–18, So 12–17 Uhr · Haltestelle: Großer Kamp Bus 24

Dicke Dornberg
Werther

NEUE TRIEBKRAFT IM ALTEN BAHNHOF

08

Alte Eisenbahnschilder hängen an der Wand, Bilder von Lokomotiven und natürlich ein Foto der »Dicken Dornberg«. Der leistungsstarken Lokomotive, die früher hier Station machte und die symbolisch steht für den Wechsel des alten Wertheraner Bahnhofs zur charmanten Tapas-Bar.

Viele der älteren Gäste, die in der Dicken Dornberg einkehren, erinnern sich noch, wie das einmal war. Früher, als sie noch mit der Kleinbahn hier entlangfuhren. Sie bringen Fotos mit und Geschichten, die sie mit dieser vergangenen Epoche verbinden. Und sind begeistert davon, dass das alte Gebäude nun ein neues Kapitel aufschlägt, dass man jetzt hier nett essen kann: Tapas, leckere Kleinigkeiten, mediterran inspiriert, die Sie je nach Gusto und Hunger einzeln bestellen, kombinieren, alleine genießen oder teilen können.

> Im Sommer können Sie auch im Biergarten bei kleinen und großen Tapas angenehm zusammensitzen.

Es sollte etwas Einfaches sein, das war ein Anliegen von Restaurantchef Gerhard Galwas. Etwas, das unkompliziert und schnell zuzubereiten ist, zudem Speisen, die nicht nur schmackhaft sind, sondern auch bezahlbar. Und auch die Gäste, die einen etwas größeren Appetit mitbrachten, sollten satt werden.

Entsprechend dieser Maxime finden Sie in der Dicken Dornberg garantiert Ihr Lieblingsessen: kleine, nette Happen oder Big Tapas, größere Hauptgerichte. Auch bei besonderen Wünschen hat die Lokalleitung offene Ohren: »Ich höre genau hin, was die Besucher wollen und entwickle das Angebot dementsprechend weiter«, sagt Gerhard Galwas. Darum sind auch immer mal wieder neue Gerichte auf der Speisekarte zu finden.

Oder Sie haben gar nicht so viel Appetit und wollen nur einen netten Abend in zwangloser Atmosphäre verbringen? »Natürlich geht das in der Dicken Dornberg«, sagt Galwas. Hier können Sie auch einfach nur gemütlich zusammensitzen, einen Wein trinken und ein paar Oliven dazu essen. Das Prinzip: in Gemeinschaft essen und teilen wie zu Hause mit der Familie am Tisch.

Dicke Dornberg · Bahnhofstr. 5 · 33824 Werther · www.dickedornberg.de · Di–Sa 8–24, So 17–24 Uhr · Haltestelle: Nordstraße Bus 60, 66, 157

09 BOHNEN-BUSINESS AUS LEIDENSCHAFT

Von außen sind es alte, umgebaute Ställe auf einem Bauernhof. Durchschreitet man jedoch die Deelentür, betritt man eine andere Welt. Eine Welt, in der bunte Kaffeepakete die Regalwände zieren, in der sich Kaffeesäcke auf dem Ziegelboden stapeln und in den Röstmaschinen blitzen: die Kaffeewelt Eisbrenner.

Es war Liebe auf den ersten Schluck. Als Angelika Eisbrenner vor rund 20 Jahren mit ihrem Mann Urlaub auf Jamaika machte, stieß sie dort auf einen Kaffee, dessen Geschmack sie restlos begeisterte. »Ich habe mich damals gefragt, was ich vorher immer getrunken habe«, sagt sie, »das hatte mit dem Kaffee, den ich von zu Hause kannte, nichts zu tun.«

Nachhaltigkeit und soziale Verantwortung sind für die Kaffeewelt Eisbrenner wichtig, deshalb kann man den Kaffee auch unverpackt einkaufen.

Auch Freunde und Bekannte verfielen dem besonderen Kaffeegenuss – darum ging die Liebesgeschichte weiter. Das Ehepaar Eisbrenner/Risse importierte den jamaikanischen Kaffee, den es fortan »Pirate Beach« nannte, und aus dem Importgeschäft entwickelte sich nach und nach eine eigene Rösterei. Doch in der heutigen Kaffeewelt Eisbrenner wird nicht nur einfach Kaffee geröstet und verkauft, sondern das Paar versucht auch, höchsten Qualitätsansprüchen gerecht zu werden.

Das Sicherstellen dieser Güte beginnt schon beim Pflücken der Kaffeebohnen per Hand, was garantiert, dass nur die reifen Früchte geerntet werden. Dennoch gibt es noch andere fehlerhafte Bohnen, die vor Ort in der Rösterei in Altenhagen in akribischer Handarbeit aussortiert werden. Daneben kommt es auch noch darauf an, wie die Bohnen geröstet werden. Hier setzt die Kaffeewelt Eisbrenner auf die helle Röstung, bei der die Bohnen schon nach dem *first crack*, dem ersten Aufplatzen, die Rösttrommel verlassen. Dies verhindert, dass Bohnen verbrennen, was einen bitteren Geschmack verursachen kann. Ein besonderes Kaffeeerlebnis ist also garantiert!

Kaffeewelt Eisbrenner · Altenhagener Str. 272 · 33729 Bielefeld · www.kaffeewelt-eisbrenner.de · Öffnungszeiten laut Website · Haltestelle: Starke Bus 33, 52, 115, 352

DIEDRICH

Schroeders
Boonekamp
Verler Heimatwasser
Herz-
Schroe

DIE KRÄUTERBITTER-SPEZIALISTEN

10

Bereits draußen bekommen Sie eine Ahnung davon, was Sie drinnen erwartet: Denn neben der Eingangstür des denkmalgeschützten Fachwerkhauses am Kirchplatz in Verl stehen zwei große, braune Boonekamp-Flaschen – Symbolträger der Likörmanufaktur Schroeder.

Boonekamp – der Name ist Programm. Denn schon im Foyer der Verler Likörmanufaktur, einer kleinen Kellerei, lädt eine gemütliche Probierstube dazu ein, die hochprozentigen Produkte des jahrhundertealten Traditionsunternehmens zu verkosten: Da wäre zuerst einmal natürlich das Aushängeschild der Manufaktur, der Schroedersche Boonekamp. Dieser Kräuterbitter wird seit mindestens 170 Jahren nach altem Rezept hergestellt und gilt im Verler Land als eine Art Institution.

In der Likörmanufaktur werden leere Flaschen zurückgenommen und wieder verwendet – ein kleiner Beitrag zur Nachhaltigkeit.

Nicht so ganz ihr Fall? Es gibt auch jüngere Spirituosen-Kreationen: darunter ein Halbbitter sowie fruchtige Liköre mit Brombeere, Ingwer und Schlehe, daneben Wacholder, Bio-Gin sowie ein Jubiläums-Weinbrand. Jedes dieser geistigen Getränke hat einen eigenen Charakter; geschmacklich einzigartig werden die Alkoholika jedoch durch besondere Zutaten.

Weiter geht's durch die nächste Tür. Denn dahinter verbirgt sich die eigentliche Produktionsstätte des 300 Quadratmeter großen Familienbetriebs, der von Vater und Sohn Schroeder betrieben wird. In dem Multifunktionsraum sind die alten Eichenfässer zu sehen, in denen der Boonekamp reift und wo die Flaschen mit den hochprozentigen Spirituosen von Hand abgefüllt werden. Außerdem lässt es sich der Seniorchef nicht nehmen, Sie mit der gesamten Produktpalette der Likörfabrik vertraut zu machen: Diese reicht von »Schroeders Stacheldraht« über die »Verleperle« bis hin zum hochwertigen Bio-Gin »Krax«. Allein schon wegen der kleinen, netten Geschichten am Rande lohnt ein Besuch beim Hausverkauf, Sie können die Spirituosen aber auch online erwerben.

Schroeders Likörmanufaktur · Kirchplatz 4 · 33415 Verl · www.likör-manufaktur.de/hausverkauf · Mo–Fr 9–17, Sa 9–12 Uhr · Nächste Haltestelle: Bahnhof Verl

11 KIEZTREFFEN IM CAFÉ

Laut Wikipedia ist ein Kiez ein überschaubarer Wohnbereich, der ein identitätsstiftendes Zugehörigkeitsgefühl in der Bevölkerung hervorruft. Im Bielefelder Kiez Mitte-Ost lässt sich besagtes Zugehörigkeitsgefühl bestens in der HALTESTULLE in der Jüngststraße erleben.

Als Konditormeister Voss 2021 starb, bedeutete das nicht nur den Verlust von traditionellem Backhandwerk vor Ort, sondern durch die Schließung seiner Bäckerei verlor das Viertel Bielefeld Mitte-Ost auch einen alltäglichen Treffpunkt. »Das kann nicht alles gewesen sein«, dachten sich diverse Anwohner. Sie entwickelten Ideen zur Zukunft des Viertels und fanden sich in einer Gruppe zusammen, die die Räumlichkeiten der alten Bäckerei renovierte und einen Kiezladen gründete.

Mit großem Engagement, viel Eigenleistung, finanzieller und ehrenamtlicher Unterstützung ist daraus mittlerweile ein genossenschaftlich betriebener Laden mit Café und Bistro geworden: die HALTESTULLE eG. Das Projekt wird gemeinschaftlich von den Mitgliedern der Genossenschaft organisiert, das weitere Vorgehen miteinander abgestimmt und neue Projekte angestoßen.

Doch teilhaben an dieser gelungenen Initiative können Sie natürlich auch, indem Sie der HALTESTULLE einen Besuch abstatten. In der liebevoll eingerichteten ehemaligen Bäckerei warten auf Gäste Tische, Stühle, Sessel, Sofas und Bänke, die oftmals aus Nachlässen stammen. Flankiert von einer Fülle bunter Kissen nehmen Sie vor bodentiefen Schaufenstern Platz und sind gleich mittendrin in der heimeligen Wohnzimmer-Atmosphäre des unkonventionellen Kiezladens: Hier trifft man die Freundin auf einen Kaffee oder begegnet zufällig der Nachbarin, mit der man kurz einen Schnack hält. Man amüsiert sich bei einem gemeinsamen Spieleabend, bei Wein und Antipasti oder genießt »kulturelle Häppchen«. Oder man springt mal eben rein für eine Kleinigkeit, besorgt noch schnell ein paar Brötchen, eine Stulle, ein Stück Käse aus der Theke oder ein paar Bio-Lebensmittel.

HALTESTULLE · Jüngststr. 2 · 33602 Bielefeld · www.haltestulle.de ·
Mo, Di, Do, Sa 7.30–18, Fr 7.30–21, So 9–13 Uhr · Haltestelle: Landgericht Stadtbahn 1, 3

FILTER
MILCHKAFFEE
CAPPUCCINO
ESPRESSO
LATTE MACCHIATO
KAKAO
TEE
CHAI LATTE
GOLDEN MILK
2.2.
BESTER
FILTER-
KAFFEE
aus Direkthandel,
in Bielefeld geröstet
CHAI LATTE
DIRTY CHAI
GOLDEN Milk
Frischer
MINZTEE +

die Biobäckerei
Biobäckerei
Farina
Geöffnet

AUS VOLLEM SCHROT UND KORN

12

Von außen sieht es aus wie ein versteckter Tante-Emma-Laden. Doch wenn Sie das kleine Ladengeschäft von Farina am Rande der Herforder Innenstadt betreten, stoßen Sie auf eine leckere Vielfalt hervorragender Vollkorn-Backwaren mit unvergleichlichem Geschmack – lassen Sie sich verführen!

Die Älteren unter uns erinnern sich: Farina, das war doch das kleine, gewitzte Mädchen aus der Kinderserie *Die kleinen Strolche*, die ab den 1960er-Jahren über die deutschen Bildschirme flimmerte. Sie darf unter anderem als Namensgeberin von Farina gelten, der ältesten Biobäckerei in Ostwestfalen-Lippe. Nicht ganz unerheblich zum Namen beigetragen hat auch die Tatsache, dass das lateinische Wort »Farina« auf deutsch »Mehl« heißt.

Mehl ist in einer Backstube natürlich ein zentrales Gut. Bei Farina ist es das Vollkornmehl, das die Hauptrolle spielt. Dass dieses Mehl »echt bio« ist, versteht sich von selbst für Bäcker Hans-Peter Klein, der den Handwerksbetrieb im Jahr 1984 gegründet hat. Zu einer Zeit, in der sich viele aktiv für die Umwelt engagiert und den Nachhaltigkeitsgedanken auch wirklich gelebt haben.

Die Rohstoffe für die leckeren Brote und Brötchen, das Gebäck, den Kuchen und die herzhaften Snacks von Farina sind nicht nur Bioland- oder Demeter-zertifiziert, sondern werden sogar auf Steinmühlen vermahlen, um möglichst viele Vitalstoffe zu erhalten, und anschließend zu hochwertigen Backwaren verarbeitet.

Doch nicht nur gesund und bio geht es bei Farina zu; die Traditionsbäckerei hat sich zudem darauf spezialisiert, glutenfreie Produkte herzustellen.

Dabei reicht das Spektrum von innovativen Brotkreationen mit Flohsamen, Quark, Quinoa oder Amaranth über Brötchen mit Hirse bis hin zu Kuchen und Gebäck wie glutenfreien Mandelhörnchen, Florentiner oder Inka-Kuchen. Für Allergiker besonders interessant: Die glutenfreien Waren können Sie auch online bestellen.

Biobäckerei Farina · Engerstr. 102 · 32051 Herford · www.farina-bioback.de · Mo, Mi, Do, Sa 8–14, Di, Fr 8–17 Uhr · Haltestelle: Am Knie Bus S1, 465, 468

13 HANDGEMACHTE KÄSE-KÖSTLICHKEITEN

Hofläden gibt es viele, doch der des Biohofs Jacobi in Körbecke in der Nähe von Warburg ist besonders. Denn hier können Sie nicht nur in dem regionalen Bioprodukt-Sortiment stöbern, sondern auch vorzüglichen Bauernkäse erwerben – handgefertigt in der hofeigenen Käserei.

Es war eine Liebesgeschichte zwischen Heike Jacobi-Schäfer und dem Käse. Nach den ersten Versuchen mit 20 Kilo Selbstgemachtem zum Polterabend im Jahr 1988 im Kochtopf hatte es sie gepackt: Sie probierte aus, besuchte viele Seminare und machte eine zweijährige Ausbildung beim Verband für handwerkliche Milchverarbeitung. Die Käseherstellung wurde zu einem Herzensprojekt, das schließlich dazu führte, dass Heike Jacobi-Schäfer seit 2015 eine kleine Hofkäserei betreibt. Hier verarbeitet sie drei- bis viermal pro Woche die eigene Kuhmilch vom Hof zu köstlichen Käsespezialitäten. Diese können Sie auf dem Altstadtmarkt Warburg, auf Wochenmärkten in der Umgebung oder in kleinen, regionalen Läden erwerben; doch am besten besuchen Sie den Hofladen der Jacobis in Körbecke. Denn dort haben Sie das ganze Käsesortiment von bis zu 15 Sorten vor Augen: In der Theke liegen nicht nur Weich- und Bergkäse wie der Kleine Joppi, der Körbecker Camembert, der Diemeltaler oder der Desenberger, sondern auch Mozzarella, Frisch- und Bratkäse sowie Käsekreationen aus Ziegenmilch. Auch bei den Zutaten herrscht eine große Bandbreite: Diese reichen von Bockshornklee über Knoblauch und Kümmel bis hin zu Paprika oder Pfeffer.

> Nutzen Sie Ihren Ausflug in die Warburger Börde und planen Sie unbedingt einen Abstecher zum Desenberg mit unvergleichlichem Panoramablick ein.

Obwohl die Käsetheke unbestritten das Highlight des Hofladens darstellt, lohnt es, auch im übrigen Angebot zu stöbern: Neben Milchprodukten, Backwaren, Eiern, Obst, Gemüse, Fleisch- und Wurstwaren aus ökologischer und regionaler Produktion sowie einem breiten Naturkostsortiment können Sie auch Fleischprodukte von den Hoftieren kaufen.

Biohof Jacobi · Mühlentor 28 · 34434 Körbecke (Borgentreich) · www.biohof-jacobi.de · **Hofladen** Do, Fr 15–19 Uhr · Haltestelle: Körbecke Mitte Bus R34

ECHT BIO

SEIFE
HAXTER GRUND
PADERBORN
DAS PADERBORN PUZZLE
FÜR KINDER
PADERBORN

HEIMAT SHOPPEN

14

Langweilige Souvenirs – das können Sie getrost vergessen. Zumindest, wenn Sie die März Manufaktur in der Innenstadt von Paderborn aufsuchen. Denn hier gibt es von Hasen-Kochlöffeln über symbolträchtige Engel bis hin zu Stadtplan-Kissen alles, was Sie sich nur vorstellen können. Und noch viel mehr.

Vielleicht haben Sie noch die Bilder im Kopf. Vom Tornado *Emmelinde*, der im Mai 2022 über Paderborn hinwegfegte und dort binnen weniger Minuten eine Schneise der Verwüstung hinterließ. Ihm zum Opfer fielen unter anderem 1017 Bäume, die relativ schnell abtransportiert wurden. Einige davon verschwanden jedoch nicht sang- und klanglos in der Holz verarbeitenden Industrie, sondern wurden zu Denkmälern. Der Idee von Padercothek folgend, aus der Zerstörung etwas Gutes mit Gebrauchswert entstehen zu lassen, spendete die Stadt Paderborn acht der umgestürzten Baumstämme. Daraus entstanden besondere Schlüssel- und DENK.MAL.BRETTER sowie Griffe für japanische Messer, deren Verkaufserlös dann neue Baumpflanzungen ermöglichte.

Hinter dem Label Padercothek stehen die Paderbornerinnen Nadia Wadoud und Nataly Kirwald, die exklusive Artikel zum Wohnen und Schenken mit Bezug zu ihrer Heimatstadt entwickeln und gemeinsam mit ausgewählten Partnern und Künstlern produzieren. Und genau diese finden Sie in der März Manufaktur. Weitere originelle Erzeugnisse dieser Initiative sind ein wieder befüllbares Notizbuch, dessen Einband aus einem alten Libori-Banner besteht, eine Pader-Seife oder ein Puzzle mit künstlerisch gestalteten Motiven der Stadt.

Omnipräsent ist natürlich das Hasenmotiv, zählt doch das Drei-Hasen-Fenster im Dom zu den bekanntesten Sehenswürdigkeiten Paderborns. Das Konterfei der besonderen Tier-Ohr-Kombination finden Sie folglich auf Cookiestempeln und Tabletts, auf Schwammtüchern und Eierbechern.

Besonders punkten in Sachen Mitbringsel können Sie aber auch mit einer Hasen-Fußmatte oder mit Geschirrtüchern aus Halbleinen, die ein Pfau ziert. Also auf ins originelle Souvenir-Paradies!

März Manufaktur · Am Rothoborn 2 · 33098 Paderborn · www.maerz-paderborn.de · Di–Fr 12–18, Sa 11–16 Uhr · Haltestelle: Michaelstraße Bus 5

15 DER KUNST- UND HANDWERKSLADEN

Buttjer wurden die Bewohner der oberen Mindener Altstadt genannt, einfache Arbeiter waren das. In der Buttjerschmiede in der Obermarktstraße kann man das bestaunen und kaufen, was durch kunsthandwerkliche Arbeit entstanden ist: originelle und dekorative Dinge, die man so nur dort findet.

Geschmiedete Objekte waren es, die Felix Busemann hauptsächlich in seinem kleinen Ladengeschäft in der Fußgängerzone von Minden ausstellen wollte: Regale zum Beispiel, die er selbst gefertigt hatte, ein Ladengeschäft eröffnen, das war die Idee seiner Cousine Judith Schierholz. Und so kam eins zum anderen: Auf den Regalen tummelten sich bald ausgefallene Deko- und Gebrauchsartikel aus Skandinavien und anderswo.

Das lief soweit ganz gut. Doch Corona erforderte ein Umdenken der Strategie. Die Räumlichkeiten wurden erweitert, und immer mehr Aussteller aus der Region kamen hinzu, die ihre Waren im Laden präsentieren und verkaufen wollten. Damit vergrößerte sich auch das Sortiment: Heute finden Sie hier selbst gebaute Holzhocker neben gepimptem altem Porzellan mit Goldrand; Schneidebrettchen mit frechem Spruch haben ebenso ihren Platz wie symbolträchtige Grillzangen, bemalte Zinnfiguren stehen Regal an Regal mit einzigartigen Stofftieren, und gehäkelte Taschen teilen sich die Ladenecke mit fröhlich bunten Kaffeebechern, Schüsseln und Löffeln.

Neben all diesen originellen und einzigartigen Artikeln weist die Buttjerschmiede einen starken Heimatbezug auf. Hier werden Sie fündig, wenn Sie die Silhouette des Buttjers suchen, aus Metall und lebensgroß; die Mindener Skyline gerahmt oder auf dem Kaffeebecher, oder Fußmatten mit einer Hommage an Kaiser Wilhelm. Darüber hinaus ist das Ladenpersonal immer für eine nette Unterhaltung zu haben, und Sie erfahren die spannenden Geschichten, die hinter den vielfältigen Artikeln stecken. So inspirierend, dass man richtig in Kauflaune kommt. So manch einer kommt nur für einen Schnack herein, geht dann aber mit einem Geschenk wieder hinaus …

Buttjerschmiede · Obermarktstr. 21 · 32423 Minden · www.instagram.com/buttjerschmiede · Di–Fr 14–18, Sa 10–16 Uhr · Haltestelle: Minden ZOB

MINDEN

Dorf
Laden
Häger
Dorf Laden Häger
Alles, was man braucht
Seit 2016
willkommen
Für jeden was
Dorf
Laden
Häger
für jede*n was

MIT MIEZI PER DU

16

Möchten Sie Katzen ganz nahe sein, haben Sie in der Fußgängerzone von Minden Gelegenheit dazu. Im Katzentempel, einem mit Kratzbäumen und Kletterseilen, kleinen Podesten und Kuschelecken ausgestattetem Lokal, warten die sogenannten Tempelkatzen auf Sie. Je nach Temperament und Katzenpersönlichkeit können Sie mit ihnen kuscheln, sie streicheln oder einfach nur dabei beobachten, wie sie elegant durch den Raum stolzieren, ihren Stammplatz einnehmen und schlafen. Neben dem energetisierenden Mensch-Tier-Erlebnis bietet das Restaurant eine reichhaltige Speisenauswahl ohne Tierprodukte: vom Frühstück über warme Mahlzeiten bis hin zu Kuchen und Dessert.

Katzentempel Minden · Bäckerstr. 39 · 32423 Minden · www.katzentempel.de/standorte/minden · Mo–Do 10–20, Fr 10–21, Sa 9.30–21, So 9.30–20 Uhr

EINKAUFEN UND EINKEHREN

17

Immer hinein in die gute Stube Dieser unausgesprochenen Aufforderung können Sie in Häger getrost folgen, wenn Sie den Dorfladen betreten. Denn direkt daneben liegt ein kleines Café, die Gute Stube. Dort nehmen Sie auf alten Kirchenbänken oder einem Filzhocker, dem »Werther Zipfel«, Platz und können dann in aller Ruhe ein Frühstück, ein Getränk oder frische Backwaren genießen.

Nach der Stärkung lohnt es sich, ein wenig im Verkaufsraum nebenan zu stöbern. Denn hier gibt es neben alltäglichen Lebensmitteln auch exklusiv Gebranntes, besondere Tees, regionalen Honig, kretisches Olivenöl mit Lokalgeschichte sowie kultige Lakritze aus Island.

Dorfladen Häger · Hägerfeld 1 · 33824 Häger · www.dorfladenhaeger.de · Mo, Di, Do 5.30–13, Mi, Fr. 5.30–18, Sa–13, So 8–11 Uhr · Haltestelle: Weinhorst Bus 59, 66, 160

18 DER GENUSS-BOTSCHAFTER

Den Leuten einfache und gute Sachen näherbringen, das ist der Ansatz von Torben Bunte, der in Bielefeld sein Atelier für Trink- und Esskultur betreibt. Hier locken nicht nur die Auswahl an hochwertigen, handgefertigten Lebensmitteln, sondern auch spannende kulinarische Abende.

Das Konzept von Heinrich sein Enkel am Siegfriedplatz im Bielefelder Westen ist ebenso einfach wie anspruchsvoll: ein Laden für besondere Spezialitäten von ausgewählten Produzenten. An Markttagen ist in der Rolandstraße 20 geöffnet, und dann können Sie sich hier durch ein kleines Sortiment an Fermenten und Sauerbier, an Cidre und Rohmilchkäse, an Charcuterie und Kaffee, an Brot und anderen kleinen Backwaren sowie an naturbelassenen Weinen probieren. Was darüber hinaus gerade angeboten wird, hängt von der Saison ab, denn frische, regionale Erzeugnisse sind dem Ladeninhaber wichtig.

Doch die ausgesuchten Produkte sind nicht das einzige besondere Angebot des Ateliers im Bielefelder Westen. Über eine kleine Treppe neben dem Ladenlokal gelangen Sie in einen weiteren Raum mit Tisch und zwölf Stühlen drumherum. Hier finden in regelmäßigen Abständen Dinnerabende zu verschiedenen Themen statt: Mal wird zu Ofenkäse oder Burgunder geladen, dann zu Sauerkraut oder Austern – auch hier bestimmt die Saison das Thema.

Wäre das etwas für Sie? Dann zögern Sie nicht, sich anzumelden. Denn nicht nur feste Gruppen finden sich zu diesen Terminen ein. Auch Leute, die bunt zusammengewürfelt sind und sich gar nicht kennen, sitzen miteinander am Tisch und probieren sich durch die ausgewählten Speisen. Torben Bunte sieht sich dabei als Botschafter, der seinen Gästen besondere ästhetische und kulinarische Erfahrungen ermöglicht und ihnen neue Produkte nahebringt. Daneben sollte so ein Abend gesellig und informativ sein, sagt er. Allem Anschein nach funktioniert die Offensive gegen eingefahrene Esskultur, denn die Dinner sind stets ausgebucht, und erfahrungsgemäß haben alle Teilnehmer viel Spaß.

Atelier für Trink- & Esskultur Heinrich sein Enkel · Rolandstr. 20 · 33615 Bielefeld · www.heinrichseinenkel.de · Mi, Fr 11–14, 17–22 Uhr · Haltestelle: Siegfriedplatz U4

VIN PUR WEINBAR
WASSER
SAFT/SCHORLE
ESPRESSO
FLAT WHITE
RACLETTE
KIMCHI

Hafergut aus Bünde
Hafergut
HAFER PUR
Zarte Haferflocken
SCHOKO MÜSLI
HAFER KLEIE
HAFER POPS
Handgemachte Hafer Kekse
VARIETALS: PACHE COMÚN (SAN RAMON)
PROCESS: FULLY WASHED
QUANTITY: 31 BAGS
NET WEIGHT:
1014889

MEHR ALS EIN HOFLADEN

19

Einen Leerstand sinnvoll nutzen – das war das praktische Anliegen, das hinter den Komplizen der Region in der Fußgängerzone von Lemgo steckt. Daraus entwickelt hat sich ein Laden mit ausgewählten landwirtschaftlichen Erzeugnissen und einer ganz besonderen Produktpalette.

Was wird in Lemgo gewünscht? Diese Frage stellte sich Familie Grote, als sie überlegte, wie sie ihre Ladenfläche in der Mittelstraße in Lemgo wieder vermieten könnte. Und sie stellte sie nicht nur sich, sondern auch den Lemgoer Bürgern. Ein Laden, wo landwirtschaftliche Erzeugnisse kundennah präsentiert werden können, so lautete das Ergebnis der Umfrage. Herausgefunden – umgesetzt! Da aber die Hoferzeugnisse allein die große Ladenfläche von 250 Quadratmetern nicht füllen konnten, gesellten sich bald auch noch andere Anbieter dazu. Erst Aussteller von Bauernmärkten, später weitere Hersteller von Manufakturerzeugnissen, Kunsthandwerk oder Dekoartikeln. Doch so unterschiedlich die Waren auch sein mögen – das Konzept ist für alle das gleiche. Jeder der Aussteller mietet ein Stück Wand, eine Box, eine Regalfläche, eine Kleiderstange oder einen Kühlschrank …, und präsentiert dort seine Produkte.

Mittlerweile sind es über 100 Komplizen der Region, die im Geschäft ausstellen und verkaufen, Tendenz steigend. Durch die Vielzahl der Anbieter ist auch die Angebotspalette des Regionalladens groß: Neben dem üblichen Sortiment eines Hofladens mit Lebensmitteln in Bioqualität finden Sie hier ausgewählte Alkoholika, Bücher, Kinderkleidung, Seifen, Cremes, Öle, Wild, Gewürze, aber es gibt auch besondere Konditoreierzeugnisse sowie außergewöhnliche Lebensmittel wie Straußeneier oder Aroniabeeren.

Abgesehen vom vielfältigen Einkaufserlebnis halten die Komplizen auch ein Genusserlebnis bereit: Bei gutem Wetter lädt ein kleiner Garten, sonst die gemütliche Café-Ecke im Laden dazu ein, sich kulinarisch bei einem guten Espresso und einem leckeren Macaron ein wenig durch die Produktpalette zu probieren.

Komplizen der Region · Mittelstr. 19 · 32657 Lemgo · www.komplizen-lemgo.de · Mo–Fr 10–18, Sa 10–14 Uhr · Haltestelle: Ostertor Bus 881, 882, 883

20 GUTE ALTE SORTENVIELFALT

Wer oder was sind eigentlich: Jakob Fischer, Luxemburger Triumph oder Edelborsdorfer? Im Obst-Arboretum Bielefeld gehen Sie nicht nur dieser spannenden Frage auf den Grund, sondern erfahren jede Menge über alte Obstsorten. Mehr noch: Bei einem Apfel-Tasting lassen sich diese auch erschmecken!

Alte Apfelsorten zu erhalten ist das das Hauptanliegen von Hans-Joachim Bannier. Darum hat der versierte Obstsortenkenner auf einem Areal von zwei Hektar am Stadtrand von Bielefeld rund 400 von ihnen gepflanzt. Von vielen alten Sorten kennt man nicht mal den Namen, geschweige denn weiß, wie sie schmecken.

Ein Besuch des Arboretums lohnt besonders zur Zeit der Apfelblüte im April/Mai, wenn sich der Obstgarten in ein Blütenmeer verwandelt.

Das können Sie im Obst-Arboretum ändern, denn im Hofladen vor Ort wartet eine kleine Auswahl darauf, von Ihnen verkostet zu werden. Dabei können Sie sich auf ein vollkommen neues Geschmackserlebnis gefasst machen, denn auf der kleinen Deele werden nur solche Sorten angeboten, die die Anbaubedingungen des Arboretums überstehen. Heißt: Die hier angepflanzten Bäume werden nicht behandelt, nicht gespritzt, noch nicht einmal mit Schwefel und Kupfer wie in manchen Biobetrieben üblich. »Ungeschminkt« nennt Bannier sein Obst, und entsprechend natürlich und ungeschönt kommen sie auch daher, die alten Apfelsorten, die in großen Körben im Hofladen auf neue Probierwillige warten. Nicht der Norm entsprechend, sondern manchmal auch mit kleinen Schönheitsfehlern. Aber unvergleichlich im Geschmack. Und Allergiker werden hier fündig, denn die alten Sorten können selbst Menschen vertragen, die sonst empfindlich auf Äpfel reagieren.

Auch außerhalb der Hofladen-Öffnungszeiten müssen Sie nicht auf die einzigartige Apfelauswahl verzichten. An einer Obst-Haltestelle liegen abgepackte Tüten bereit, die Sie über eine Vertrauenskasse bezahlen können.

Obstarboretum · Dornberger Str. 197 · 33619 Bielefeld-Olderdissen · www.obstbaumschnittschule.de/obst-arboretum-bielefeld · Hofladen Fr 12–19 Uhr · Haltestelle: An der Wolfskuhle Bus 24

DIE GUTE STUBE

21

Sie werden sich wie in einer Zeitkapsel fühlen, wenn Sie das Café Tante Erna in Brakel am Marktplatz vis-à-vis der alten Stadtwaage betreten. Dies ist ein Wohlfühlort, der an alte Zeiten erinnert und an dem Sie ein Stück weit in die Vergangenheit reisen.

»Es sollte ein bisschen so sein wie früher. Wenn wir bei Oma zu Besuch waren, wurde die gute Stube gewienert, das Silberbesteck und das Porzellan mit dem Goldrand aus dem Schrank geholt und die Kaffeetafel aufgefahren. Und genau das wollten wir bei uns wieder aufleben lassen«, sagt Martin Braun, Inhaber des Retrocafés in Brakel. Als dann die alte Bäckerei am Marktplatz schloss, verwirklichte der Gastronom gemeinsam mit seiner Lebensgefährtin diese Vision. Die Immobilie wurde renoviert, alte Möbel auf Vordermann gebracht und zu einem stimmigen Wohlfühlkonzept vereint. »Wir wollten uns abheben von den Bäckereifilialen, wo man seinen Kaffee am Tresen kauft und dann mit dem Tablett zum Tisch schlurft«, sagt Martin Braun. »Bei uns gibt es Bedienung am Tisch; der Gast soll sich wirklich als Gast fühlen.«

Dieses kleine Plus an Service, an Zuvorkommenheit, an Aufmerksamkeit und an freundlichem, herzlichem Willkommen dem Gast gegenüber spiegelt sich auch im Ambiente des Cafés wider: Statt praktischer, abwischbarer Möbel gibt es Polster: Stühle und Sessel der 1950er- und 1960er-Jahre, kleine Tische und Sofaecken, in denen man am liebsten versinken und nicht mehr aufstehen möchte. Lampenschirme mit Rüschen, alte Bilder sowie Schilder und Kästen mit verziertem Besteck an den Wänden tragen ein Übriges dazu bei, sich geborgen und ein bisschen wie bei Oma zu Besuch zu fühlen. Der Alltagswelt draußen vor den Fenstern schauen Sie einfach von drinnen zu – die hat jetzt mal Pause.

Das Wohlfühlerlebnis perfekt machen ein leckeres Frühstücksbüfett, ein vielfältiges Angebot an Kuchen, Torten und Gebäck sowie eine Mittagskarte mit kleinen Gerichten. Also: Gönnen Sie sich eine kleine Zeitreise!

Café Tante Erna · Hanekamp 1 · 33034 Brakel · www.tanteerna.de · Mo, Mi, Do 13–17, Fr, Sa 9–17, So 10–17 Uhr · Haltestelle: Stadtmitte Bus 554

22 BEIM TASCHENMACHER

Sie wollten immer schon mal wissen, wie eine Tasche gemacht wird? Thomas Schulz lässt sich gern bei der Arbeit über die Schulter schauen. In seiner Werkstatt im Bielefelder Westen fertigt der gelernte Kürschner aber nicht nur Taschen aus Filz und Leder, sondern auch Rucksäcke, Portemonnaies und Brillenetuis in Handarbeit. Daneben Hüllen für Laptops und Smartphones, Schlüsselanhänger oder Untersetzer. Doch Schulz führt auch immer wieder Spezialanfertigungen aus in der kleinen Manufaktur in der Dorotheenstraße. Außerdem repariert er Altes, arbeitet um, erweitert. Darum finden Sie hier Dinge, die nicht jeder hat, und die nicht nur für solides Handwerk, sondern auch für Alltagstauglichkeit, Langlebigkeit und Nachhaltigkeit stehen.

TS Spezialmanufaktur Bielefeld · Dorotheenstr. 14 · 33615 Bielefeld · www.ts-spezialmanufaktur.de · Mo–Fr 9–18, Sa 11–14 Uhr · Haltestelle: Siegfriedplatz U4

23 UPCYCLING ART

Wandel-Ecke heißt ein kleiner Laden am Rande der Bielefelder Altstadt, in dem besondere Upcycling-Artikel verkauft werden. Ein Team von Kreativen steckt hinter den Kunststücken aus Fundstücken. In liebevoller Handarbeit hauchen sie alten Wertstoffen, die zu schade zum Wegwerfen sind, neues Leben ein: Aus Kronkorken entstehen so originelle Buttons, aus Lederresten einzigartige Anhänger, aus Schallplatten dekorative Wandbilder, aus Papier beeindruckende Skulpturen und aus Konservendosen ungewöhnliche Lampenschirme. Ein Besuch in dem kleinen, urigen Geschäft lässt Sie eintauchen in ein Universum der kreativen Vielfalt. Es lohnt sich!

Wandel-Ecke · Neustädter Str. 7 · 33602 Bielefeld · www.wandel-ecke.de · Mi–Fr 10–18, Sa 10–16 Uhr · Haltestelle: Landgericht U1, U2

DIE HEILIGE SCHRIFT ERLEBEN

24

Ein Open-Air-Museum, das die Bibel zum Thema hat, ist deutschlandweit einzigartig. Wenn Sie sich hineinbegeben, tauchen Sie ein in ein anderes Universum. Sie lernen auf anschauliche Art, wie zu Zeiten Jesu vor 2000 Jahren gelebt und gearbeitet wurde und erfahren hautnah die Welt und Umwelt der Bibel.

Bibeldorf – da liegen doch sicherlich zig Bibeln rum, in denen man blättert und liest – so könnte man meinen. Doch weit gefehlt. Denn der Lernort, den Pfarrer Fricke und seine Frau Eva vor mehr als 20 Jahren geschaffen beziehungsweise umgesetzt haben, ist eine lebensnahe Bildungsstätte, die nichts mit verstaubtem Wissen und theoretischer Unterweisung zu tun hat. Ausgangsfrage für beide Ideengeber war die Frage, wie man es erreichen kann, dass sich Menschen heute mit biblischen Inhalten befassen und ein Stück weit darin ihre Kultur und Identität als Christ erkennen.

Inspiriert durch Studienaufenthalte im Heiligen Land ist daraus das Bibeldorf entstanden, eine Lern- und Begegnungsstätte, in der Sie eine lebendige Vorstellung vom Alltag vor 2000 Jahren bekommen. Im Bibeldorf begegnen Ihnen Nomaden und die Heilige Familie, Sie betreten eine Karawanserei und erkunden die Stadtgeschichte Jerusalems, Sie streifen den Buchdruck, Martin Luther und die Bibel, Sie können Römerrüstungen anschauen, ein Grabungsfeld und eine Olivenholzkrippe aus Bethlehem, alte Werkstätten und eine Synagoge inspizieren.

Besonders intensiv eintauchen in diese Erlebniswelt lässt sich beim Passionsspiel am Karfreitag oder an den lebendigen Museumstagen. Dann können Sie sich mit »Bewohnern« des Dorfs über ihr Leben und ihren Alltag unterhalten und sich darüber informieren, wie zu Zeiten der Römer geschmiedet, Holz an der Ziehbank bearbeitet, ein Seil gedreht oder Kräutersalz hergestellt wurde. Ein Highlight ist außerdem die »Orientalische Weihnacht«, die mit besonderen Buden und Lädchen sowie Feuerstellen ein ganz eigenes Flair verströmt und jenseits der kommerziellen Märkte auf Weihnachten einstimmt.

Bibeldorf Rietberg · Jerusalemer Str. 2 · 33397 Rietberg · Details und besondere Museumstage siehe Webseite · www.bibeldorf.de · April–Okt. Mi–So 14–18 Uhr

SO ETWAS GIBT'S NUR HIER

AUSSERGEWÖHNLICHES UND KURIOSES

25 | Auf Zeitreise gehen S. 50
26 | Gefängnisluft schnuppern S. 53
27 | In Teppichwelten eintauchen S. 54
28 | Kaiserliche Inszenierung S. 57
29 | Neue Perspektiven im Künstlerhaus S. 58
30 | Zwei in eins S. 58
31 | Manifestierte Salzgeschichte S. 61
32 | Burggeschichte im Achteck S. 62
33 | Auf den Spuren der Helden der Nordsee S. 65
34 | Spannende Glaubensgemeinschaft S. 66
35 | Glaubensdenkmal mit Dach und Fach S. 69
36 | Von der Milch zur Manta-Platte S. 69
37 | Wenn die Bierkutsche kommt S. 70
38 | Kirche nur für mich S. 73
39 | Lebende Flecht-Kunstwerke S. 74
40 | Klingendes Museum S. 77
41 | Ein Hauch von Mittelmeer S. 78
42 | Wir können auch Barock S. 81
43 | Faszination Wind S. 82
44 | Grüne Irrwege S. 85
45 | Antrieb per PS S. 85
46 | Besuch bei der Königin der Mittelgebirge S. 86

25 AUF ZEITREISE GEHEN

Das viktorianische Zeitalter wieder aufleben lassen – das haben sich die Mitglieder der Kulturwerkstatt Blomberg auf die Fahnen geschrieben. Jedes Jahr im Advent verwandeln sie die Innenstadt des kleinen nordlippischen Ortes in die historische Kulisse des 19. Jahrhunderts.

Ursprünglich war es das »Charles-Dickens-Festival« in Deventer in den Niederlanden, das die Kulturbegeisterten in Blomberg dazu inspirierte, auf Zeitreise zu gehen. Zurück in die Zeit des berühmten englischen Schriftstellers Charles Dickens, der mit Werken wie *David Copperfield, Oliver Twist* oder der *Weihnachtsgeschichte* auch hierzulande bekannt wurde.

Seit 2016 nun sieht man in Blomberg kurz vor Weihnachten Damen mit weiten, bodenlangen Kleidern, mit Hut, Haube und Umhang die Köpfe zusammenstecken; Herren in Gehröcken, mit Spazierstock und Zylinder flanieren durch die Kopfsteingassen; historische Händler und Handwerker bieten ihre Waren feil; Musikanten spielen zum Tanz auf, und ein Chor in viktorianischen Kostümen singt Weihnachtslieder.

Beim Schlendern durch die verwinkelten Gassen der Altstadt begegnen Sie Gauklern und Straßenkünstlern, Bettlern und Freudenmädchen und hin und wieder auch Figuren aus Dickens' Romanen: dem misslaunigen Ebenezer Scrooge aus der *Weihnachtsgeschichte* zum Beispiel, der nicht selten schlechte Stimmung verbreitet, den Weihnachtsgeistern, die um die Ecken huschen oder auch Charles Dickens selbst, der aus seinem Werk vorliest.

Dicht, stimmungsvoll und mitreißend ist die Atmosphäre, die sich in der malerischen Kulisse der engen Gassen und alten Fachwerkbauten ausbreitet. So mitreißend, dass auch Blomberger, die nicht der Kulturwerkstatt angehören, einfach mitmachen und zum historischen Weihnachtsmarkt im Kostüm erscheinen. Und auch Sie als Besucher der Veranstaltung sind herzlich eingeladen, selbst lebendiger Teil dieses faszinierenden Spektakels zu werden – die Kulturwerkstatt bietet eine kostenpflichtige Kostümausleihe an.

Charles Dickens Blomberg · Blomberger Altstadt · 32825 Blomberg · www.kulturwerkstatt-blomberg.com · Sa 13–21, So 11–18 Uhr jährlich am 3. Adventswochenende · Haltestelle: Rathaus Bus 911

Rast
im
Knast

GEFÄNGNISLUFT SCHNUPPERN

26

Am besten, Sie bestellen die Knastplatte. Denn zur Vorbereitung auf die Übernachtung im Alten Amtsgericht in Petershagen gibt es nichts Besseres, als sich auch schon mal kulinarisch in die Thematik einzuarbeiten. Dies gelingt wunderbar im Restaurant des »Gefängniswärters« Mehdi im Kulturzentrum.

Ein Iraner, der mitten im kleinen Petershagen an der Weser ein Kulturzentrum betreibt, orientalisch angehauchte Gerichte serviert und nebenbei die Gefängnisherberge des Ortes managt – wie passt das zusammen?

Eigentlich gar nicht, aber es hat sich so ergeben. Ursprünglich waren es einige Petershäger, die einen Verein gründeten, um das alte Amtsgericht vor dem Verfall zu bewahren. Daraus entwickelte sich die Idee, das dazugehörige Gefängnisgebäude einer neuen Nutzung zuzuführen: Warum nicht Besuchern die Möglichkeit anbieten, in den alten Zellen zu übernachten?

Der Verein setzte diese Idee um, machte vieles neu, renovierte den Zellentrakt, entfernte Toilettenstühle und Kohleöfen, installierte eine Zentralheizung und richtete ein Bad im Keller ein. Dennoch hat sich das Ambiente der früheren Nutzung erhalten: Mit schwerer Eisentür und Guckloch, Doppelstockbetten, Tisch, Stuhl und Spind ist die Illusion eines Gefängnisaufenthaltes perfekt. Der Innenhof mit der hohen Mauer trägt das Übrige zur realistischen Häftlingsatmosphäre bei. Doch neben diesen bewusst in Kauf genommenen Einschränkungen hat ein Knastaufenthalt heute natürlich nichts mehr mit den früheren Bedingungen zu tun: Schließlich können die »Insassen« jederzeit ihre Zelle verlassen.

Das originelle Übernachtungskonzept funktionierte – viele Radtouristen, die den Weserradweg befahren, nutzten das Alte Amtsgericht als Schlafplatz. Doch der Verein, der die Gefängnisherberge managte, löste sich vor ein paar Jahren auf; Mir Mehdi Mazlumsaki, der das Kulturzentrum nebst Restaurant im früheren Gerichtsgebäude nebenan betreibt, wurde nun auch zum Gefängniswärter. Und serviert die passende Mahlzeit zum Event!

Mehdis Kulturzentrum · Mindener Str. 16 · 32469 Petershagen · www.mehdis-kultur.de · Altes Amtsgericht Do, Fr 17–22, Sa 17–23, So, Mo 17–21 Uhr · Haltestelle: Rathaus Bus 500

27 IN TEPPICHWELTEN EINTAUCHEN

Wer bei Tönsmann Teppiche erwartet, wird nicht enttäuscht. Geknüpfte Hingucker aus Afrika und Asien, als Löwe, mit Blumen oder im Rautendesign - all das gibt es hier in großer Auswahl. Darüber hinaus jedoch auch besondere Exponate, die etwas tiefer hinter die Kunstwerke aus Knoten blicken lassen.

»Alles begann mit den Reisen meines Vaters«, sagt Anne Tönsmann. In den 1960er-Jahren nämlich kaufte Jürgen Tönsmann ein Motorrad, um damit die Welt zu umrunden. Er kam bis Afrika; dort blieb er aufgrund unglücklicher Umstände erst mal hängen. Was später jedoch zum Glücksfall wurde, denn aufgrund seiner ausgiebigen Streifzüge durch Marokko lernte Tönsmann Berberteppiche kennen, von denen er ein Exemplar mit nach Deutschland brachte. Damals ein Novum – Berberteppiche waren hierzulande nicht bekannt, wurden aber schnell populär. Tönsmann importierte in Folge viele dieser schlichten Hingucker, und aus dem familieneigenen Textilienfachgeschäft entwickelte sich ein schwunghafter Teppichhandel. Die persönlichen Kontakte Tönsmanns bedeuteten dabei in jeder Hinsicht eine Win-Win-Situation: Die Knüpferfamilien profitierten von einem verlässlichen Einkommen; der Importeur aus Deutschland etablierte ein neues Marktsegment.

Das alles erfahren Sie, wenn Sie eine Museumsführung im Hause Tönsmann machen. Tauchen Sie in die Unternehmensgeschichte ein, erfahren jede Menge über familieneigene und symbolische Muster, lernen etwas über Knüpfknoten und was einen wirklich guten Teppich ausmacht. Außerdem erzählen viele weitere Exponate von Getreidemühle bis Gebetbuch weitere spannende Geschichten von exotischen Destinationen.

Zwischendurch mal verschnaufen? Eine gute Tasse marokkanisch inspirierter Minztee hilft dabei. Und zum Schluss wäre da ja auch noch der Nachhaltigkeitsaspekt. Denn im Hause Tönsmann können Sie nicht nur wunderschöne, individuelle Teppiche erwerben, sondern auch alte Schätzchen reparieren, reinigen oder instand setzen lassen.

Teppichmuseum Tönsmann · General-Bishop-Str. 23 · 32339 Espelkamp · www.teppich-toensmann.de · Führungen laut tel. Auskunft · Haltestelle: Festplatz Bus 605

KAISERLICHE INSZENIERUNG

28

Die meisten laufen nur einmal drum herum, staunen über die Größe des kolossalen Denkmals, schauen hinab ins Wesertal – und das war's dann. Dabei birgt das Kaiser-Wilhelm-Denkmal interessante Geschichten. Aufschluss darüber gibt ein kleines Museum unter den Ringterrassen.

Die Besucher nicht mit dem Pathos des Denkmals alleine lassen – das war der Ansatz des Landschaftsverbandes Westfalen-Lippe, als es das Besucherzentrum unterhalb des Kaiser-Wilhelm-Denkmals einrichtete. Außerdem sollte die ganze Geschichte erzählt werden: von den Römern über Preußen bis zum Zweiten Weltkrieg.

> Eine Tür weiter lockt das Panoramarestaurant mit fantastischer Aussicht von der Terrasse.

Daraus entstanden ist eine kurzweilige, informative Ausstellung, die sich nicht nur dem Denkmal, sondern auch der Natur- und Kulturgeschichte von Porta Westfalica widmet. Schon gleich im Eingangsbereich des Besucherzentrums startet die Ausstellung mit den »Kaiserlichen Aussichten«, einer Bilderwand mit rund 40 Erinnerungsfotos von Besuchern aus verschiedenen Jahrzehnten. Danach stehen Sie vor einer riesigen Panoramawand mit 34 Illustrationen, die einen umfassenden Überblick zu geschichtlichen Ereignissen und naturkundlichen Besonderheiten der Region geben. Weitere Bestandteile der Ausstellung sind sechs multimediale Stationen zu unterschiedlichen Aspekten der Denkmalsgeschichte: So verraten Ihnen fiktive Zeitzeugen Neues und Interessantes zur Entstehung und dem Hintergrund des Denkmals sowie zur Kaiserzeit. An Hörstationen machen Sie sich mit der Perspektive des Publikums, der normalen Bürger und der Architekten vertraut. Anhand von Illustrationen, Animationen, Fotografien, kurzen Texten und interaktiven Sequenzen tauchen Sie in die Natur- und Kulturgeschichte der Porta ein.

Daneben greifen Großanimationen die Themen Geologie, Natur, Wirtschaft, Verkehr und Siedlung auf, und ein Kurzfilm an der Kinostation illustriert die Denkmalsgeschichte.

LWL-Besucherzentrum im Kaiser-Wilhelm-Denkmal · Kaiserstr. 15 · 32357 Porta Westfalica · www.kaiser-wilhelm-denkmal.lwl.org/de · Mi–So 11.30–18 Uhr

29 NEUE PERSPEKTIVEN IM KÜNSTLERHAUS

Wenn Sie ein bekanntes Museum neu erleben möchten, sollten Sie an einer Taschenlampenführung im Junkerhaus teilnehmen. Schon bei Tageslicht ist das Künstlerhaus skurril; doch bei Dunkelheit, im Kegel einer Lampe, wirken die überbordenden Schnitzereien erst recht bizarr. Die Decken- und Wandgemälde scheinen daraus hervorzuspringen, und die Farben schimmern intensiver, lassen ein Stück weit das bunte Holz-Kunstwerk von einst wieder aufleben. Auch gelangen Details ins Blickfeld, die Sie sonst vielleicht übersehen hätten: die Pumpe, mit der Junker sein Haus bereits im 19. Jahrhundert mit fließendem Wasser versorgte, der Kronleuchter, der die Mitte des Bauwerks markierte, oder das seltsam anmutende Bild einer Bauchtänzerin.

Museum Junkerhaus · Hamelner Str. 36 · 32657 Lemgo · www.museen-lemgo.de/junkerhaus · Taschenlampenführungen im Winter · Haltestelle: Hamelner Straße Bus 883

30 ZWEI IN EINS

Sich wie ein Müller oder eine Müllerin fühlen – das können Sie in der denkmalgeschützten Klostermühle in Petershagen-Lahde. Und dies nicht nur an Mahl- und Backtagen: Die seltene Kombination eines Galerieholländers mit einer Wassermühle ist täglich für jedermann zugänglich.

Bei Ihrem Besuch sind Sie nicht nur eingeladen, die Mühle im Inneren zu inspizieren, sondern Sie können auch hinausgehen: Durch eine Holztür im ersten Stock gelangen Sie auf die Galerie, die sich für einen kleinen Rundgang anbietet. Dieser beschert Ihnen nicht nur einen schönen Blick in die Weserauen, sondern auch auf den alten Ortskern von Petershagen-Lahde.

Klostermühle Lahde · Meierhöfe 5 · 32469 Petershagen · www.klostermuehle-lahde.de · tgl. geöffnet

MANIFESTIERTE SALZGESCHICHTE

31

Natürlich ist in Salzkotten Salz Programm. Schon der Name deutet auf eine Verknüpfung der kleinen Stadt im Kreis Paderborn mit dem weißen Gold hin. Doch Salzkotten verfügt nicht nur über eine jahrhundertelange Sälzertradition, sondern hier liegt auch ein besonderer, durch Sole entstandener Felsen.

Eine Sälzerstadt ist Salzkotten schon seit dem 11. Jahrhundert. Und daran werden Sie vor Ort an vielen Stellen erinnert: Das Salzmuseum am Kirchplatz zeugt davon oder das nach historischem Vorbild neu errichtete Gradierwerk unten an der Heder.

> Unten an der Heder entlang führt ein Pfad mitten durch Binnensalzwiesen.

Doch die wirklich außergewöhnliche Sehenswürdigkeit stellt ein besonders geformter Felsen gegenüber dem Rathaus dar. Kütfelsen heißt das geologische Naturdenkmal und ist einzigartig in Westfalen. Kurz gesagt handelt es sich dabei um einen uhrglasförmigen Hügel, der sich aus der kohlensäurehaltigen Solequelle Unitas gebildet hat. Aus deren Ausfällungen entstanden im Laufe der Jahrhunderte etwa vier Meter hohe Ablagerungen, der Kütfelsen eben, dessen älteste Schichten auf etwa 15 000 Jahre geschätzt werden.

Nicht nur den Felsen sollten Sie bestaunen, sondern auch eine kleine Entdeckungsreise auf dem Terrain starten. Fast unwillkürlich stoßen Sie dabei auf das alte, unter Denkmalschutz stehende Pumpenhaus. Von hier wurde einst die Sole der Unitas-Quelle unter der Heder entlang zur Gradieranlage gepumpt. Und über der Tür des Brunnenhauses lässt sich noch immer das alte Sälzerwappen mit zwei ineinander verschlungenen Händen entdecken, geziert mit dem Wahlspruch der Sälzer: »Unita durant«, frei übersetzt: Vereintes überdauert.

Wenn Sie sich noch etwas genauer umsehen, entdecken Sie eine weitere Besonderheit: Die Biologische Station Paderborn setzte hier Pflanzen mit Namen wie Salzschwaden und Strandaster, Salzbinse, Salzschuppenmiere und Salzdreizack. Gewächse, die sonst nur am Meer zu finden und ein Beleg für das besondere Mikroklima dieses Ortes sind.

Kütfelsen · Auf den Küten · 33154 Salzkotten · Haltestelle: Alte Post Bus R46, S90, SK1, SK3, 492

32 BURGGESCHICHTE IM ACHTECK

Die Holsterburg ist die einzige oktogonale Niederungsburg in Deutschland. Ein Spaziergang dorthin lohnt nicht nur wegen dieser einzigartigen Sehenswürdigkeit, sondern auch wegen des Panoramas des Desenbergs sowie der Ansicht der Stadtsilhouette vom Diemeltal aus.

Starten können Sie den etwa sechs Kilometer langen Rundgang nahe der Diemelbrücke der Warburger Altstadt. Der Weg führt dann über die Diemel und durch eine grüne Auenlandschaft, außerdem folgen Sie dem Diemeltaler Schmetterlings-Steig zur Holsterburg. Die Burg wurde schätzungsweise in der Mitte des 12. Jahrhunderts gebaut, dann aber zum Ende des Jahrhunderts endgültig zerstört. Nachdem man sie zu großen Teilen abgetragen hatte, bedeckte man die Reste mit einem mächtigen Erdhügel. Dieser Hügel wurde bis ins Jahr 2010 als Motte beziehungsweise Turmhügelburg fehlinterpretiert. Erst durch archäologische Ausgrabungen kam die oktogonale, stauferzeitliche Wehranlage in ihrer Besonderheit zutage, und man bemühte sich, die Reste zu erhalten.

Nehmen Sie sich Zeit, um die Altstadt Warburgs mit ihren Fachwerkhäusern, dem Rathaus, den Wehrtürmen und der alten Stadtbefestigung zu erkunden.

Sie können diese einzigartige Anlage erkunden, indem Sie sie umrunden und von zwei Aussichtsplattformen von oben auf die Ruine schauen. Am Standort der Burg finden Sie außerdem viele Informationstafeln, die die diversen Aspekte dieses seltenen Burgentyps des hochmittelalterlichen Europas erläutern. Wenn Sie mögen, laden Tische und Bänke zu einer kleine Verweilpause ein, um die Eindrücke von der Holsterburg noch mal nachklingen zu lassen.

Auf dem Rückweg nach Warburg laufen Sie durch wunderschöne Obstbaumalleen und passieren einen versteckten Hohlweg. Immer wieder sehen Sie den Vulkankegel des Desenbergs aus der Ferne, und von einer kleinen Anhöhe aus genießen Sie einen herrlichen Blick auf die historische Altstadt Warburgs. Das letzte Wegstück führt durch die facettenreiche Diemelaue.

Holsterburg · Zur Holsterburg · 34414 Warburg · www.holsterburg.com · www.holsterburg.com/wanderweg · öffentlich zugänglich

AUF DEN SPUREN DER HELDEN DER NORDSEE

33

Heringsfänger an der Weser? Das hört sich erst mal seltsam an. Doch begibt man sich in die rekonstruierte Welt der ehemaligen Nordseefischer in Petershagen-Heimsen, klärt sich das Mysterium schnell auf. Und gibt Einblick in ein spannendes Stück Regionalkunde.

Es ist eine Geschichte wie viele, die der Krieg schrieb: Die wirtschaftliche Not trieb junge Burschen vom Land dazu, ihre Heimat zu verlassen, um ein verlässliches Einkommen zu sichern. Für die jungen Männer von der Mittelweser begann die Suche nach Lohn und Brot nach dem Dreißigjährigen Krieg in der Mitte des 17. Jahrhunderts: Alles war zerstört; es herrschte bittere Armut. Deshalb gingen sie vom Geestrücken an der Weser gen Westen in die Niederlande. Zuerst sicherten sich diese sogenannten Hollandgänger ihr Auskommen mit Torfstechen und Grasmähen; wegen des besseren Verdienstes jedoch zogen viele von ihnen weiter an die Nordsee, um Heringsfänger zu werden. Der erste Heringsfänger der Region ist im Jahr 1832 bezeugt.

In den 1870er-Jahren wurde dann in Deutschland die erste Heringsfischerei gegründet, doch die Arbeit blieb die gleiche: Von Mitte Mai bis Mitte Dezember schufteten die jungen Männer auf hoher See, fingen Heringe im Akkord und verarbeiteten sie. Dies oft im Schichtdienst bei einer 60 bis 70-Stunden-Woche.

Im Museum in Petershagen kommen Sie der einmaligen Lebenswelt der Heringsfänger ein wenig näher: Hier hängt die Arbeitskleidung der Fischer in den Vitrinen, eine Kommandobrücke mit Steuerrad, Sextant und Karten zeigt die früheren Navigationsgeräte, und auf einem Schiffsdeck holt die Besatzung gerade die Fleetnetze ein. Gleich nebendran werden Heringe im Akkord gekehlt, gesalzen und in Fässer gefüllt.

Wenn die Fischer nicht auf See, sondern zu Hause waren, gingen sie oft handwerklichen Berufen nach. Diese Welt der Heringsfängerheimat lernen Sie im Museumshof kennen. Hier besuchen Sie alte Werkstätten, begutachten die häusliche Einrichtung oder die Trachten der Heringsfängerfrauen.

Heimat- und Heringsfängermuseum Heimsen e.V. · Am Mühlenbach 9 · 32469 Petershagen · www.heringsfaengermuseum.de · Öffnungszeiten laut Webseite

34 SPANNENDE GLAUBENSGEMEINSCHAFT

Ein Hauch von Ägypten durchweht den Kreis Höxter. Lassen Sie sich von ihm berühren und erkunden Sie auf einer spannenden Entdeckungsreise die Glaubenswelt der koptisch-orthodoxen Christen in Brenkhausen im Weserbergland.

An wechselvoller Glaubens-Geschichte ist das Kloster Brenkhausen kaum zu überbieten: Waren es im Mittelalter Zisterzienserinnen, die die dreiflügelige Anlage beherbergte, zogen später Benediktinerinnen dort ein. Im Jahr 1993 schließlich erwarb die koptisch-orthodoxe Kirche das Gotteshaus. Seitdem leben hier unter der Leitung von Bischof Anba Damian ägyptische Christen ihren Glauben, aber das Kloster bietet auch anderen Konfessionen eine Heimat: Der gotische Teil mit der Klosterkirche wird von Katholiken genutzt, der barocke von den Kopten. Der koptische Teil des Konventsgebäudes hat sich zudem zu einer ökumenischen Begegnungsstätte entwickelt. Hier können Sie auf vielfältige Weise in die Welt der ägyptischen Christen hineinschnuppern: zum Beispiel indem Sie einen Blick ins Refektorium oder in die reich verzierte Kapelle werfen. Oder Sie schlendern durch den Kreuzgang mit einer Dauerausstellung aus imposanten Holzskulpturen. Sie haben die Möglichkeit, sich mit ägyptischen Devotionalien vertraut zu machen oder mit einer bemerkenswerten Sammlung alter Bibeln. Auch können Sie anhand freigelegter Wände lernen, wie das Kloster mithilfe alter ägyptischer Techniken mit einer speziellen Kalk-Quark-Farbe denkmalgerecht restauriert wurde.

Der Reiseroute der Heiligen Familie ins einstige Land der Pharaonen folgen Sie anhand von farbenfrohen, koptischen Malereien – gleichzeitig ein Stück ägyptischer Glaubensgeschichte. Darüber hinaus machen Fotos und aktuelle Bilder Sie mit den modernen Kirchen in Ägypten vertraut. Und wenn Sie mögen, sind Sie zudem herzlich eingeladen, der Spiritualität der koptischen Kirche hautnah nachzuspüren und an einem Gottesdienst in der Kapelle teilzunehmen.

Kloster Brenkhausen · Propsteistr. 1a · 37671 Höxter-Brenkhausen · www.koptisches-kloster-brenkhausen.de · tgl. 8–20 Uhr · Haltestelle: Denkmal Bus HX4

Wittler's
Rostbratwurst

GLAUBENSDENKMAL MIT DACH UND FACH

35

Nammen ist ein kleiner Ort nördlich des Wesergebirges. Viel gibt es hier nicht: einen Dorfladen, eine Bäckerei. Und eine Kirche. Die allerdings hat es in sich. Denn die im Jahr 1523 erbaute Laurentius-Kapelle gilt als älteste Fachwerkkapelle im gesamten nordwestdeutschen Raum. Gönnen Sie sich einen kleinen Kultursnack, holen Sie sich den Schlüssel im Dorfladen gegenüber und bewundern das kleine Kulturdenkmal auch im Inneren. Hier werden auch heute noch regelmäßig Gottesdienste gefeiert sowie der einmalige »dritte« Feiertag zu Weihnachten, Ostern und Pfingsten, der auf ein im Mittelalter abgelegtes Pestgelübde zurückgeht.

St. Laurentiuskapelle Porta Westfalica-Nammen · Laurentiusstr. 11 · 32457 Porta Westfalica · Dorfladen Di, Do 9–13, 15–19, Sa 9–13 Uhr · Haltestelle: Dorfmitte Bus 510

VON DER MILCH ZUR MANTA-PLATTE

36

Es gibt nicht mehr viele ihrer Art: Pilzkioske, durch die in den 1950er-Jahren der Verkauf von Milchprodukten angekurbelt werden sollte. Doch warum ein Pilzkiosk? Der Hintergrund: Zurzeit des Wirtschaftswunders konkurrierten Molkereierzeugnisse mit den neuen Erfrischungsgetränken. Der besondere Verkaufsstand in Form eines Fliegenpilzes sollte den Verbrauchern Milch & Co. schmackhaft machen. Mittlerweile hat sich die Angebotspalette des Pilzes verändert: Wo man früher Eis mit Schlagsahne und Milchmixgetränke kaufen konnte, gibt es heute neben Pommes, Currywurst und Schnitzel ein solides Frühstück. Und den ersten Kaffee schon ab fünf Uhr. Vielleicht ein weiterer Grund, sich das Kultobjekt Milchpilz mal aus der Nähe anzusehen?

Maria's Pilz-Imbiss · Versmolder Str. 5 · 33829 Borgholzhausen · www.facebook.com/people/Marias-Pilz-Imbiss/100063672728176 · Mo–Fr 5–20, Sa 10.30–16 Uhr

37 WENN DIE BIERKUTSCHE KOMMT

Es ist ein besonderer Moment, wenn am Freitagmorgen die Brauereipferde Gustav und Alfred angespannt werden und die Bierkutsche in die Innenstadt von Lübbecke ziehen. Doch nicht nur das Bier ausfahren stellt eine ungewöhnliche Tradition dar. Auch in Barre's Brauwelt gibt es Kuriositäten zu entdecken.

Sie können wählen: Möchten Sie der Geschichte der Privatbrauerei Barre, der ältesten Pilsbrauerei Norddeutschlands, selbstständig und auf eigene Faust auf den Grund gehen? Oder ziehen Sie es vor, ein paar unterhaltsame Stunden mit Biersommelier Bernhard zu verbringen, der nicht nur jede Menge über die Kunst des Bierbrauens verrät, sondern auch flüssiges Anschauungsmaterial zum Probieren bereithält?

Im historischen Braukeller können Sie lecker speisen und natürlich auch das hauseigene Bier verkosten.

Wie auch immer Sie sich entscheiden: Der Besuch von Barre's Brauwelt lohnt in jedem Fall. Denn in den ehemaligen Gär- und Lagerkellern aus dem Jahr 1842 gibt es allerlei Spannendes zu entdecken. Zum Beispiel die älteste gefüllte Bierflasche Deutschlands. Oder eines der ersten motorisierten Auslieferungsfahrzeuge im Barre-Design, und daneben jede Menge alte Gerätschaften, Maschinen und Werkzeuge. Im Brauereimuseum erwartet Sie eine Zeitreise durch das Brauwesen, die zeigt, wie im 19. und frühen 20. Jahrhundert aus Hopfen, Malz, Hefe und Wasser aus den beiden eigenen Quellen der Privatbrauerei Barre im Wiehengebirge Bier hergestellt wurde. Auch die Geschichte der Brauerei an sich ist spannend, denn Louis Barre, der Sohn von Gründer Ernst Johann Barre, entwickelte bereits vor über 130 Jahren ein exquisites, untergäriges Lagerbier, das besonders haltbar war. Dieses wurde mit dem Pferdegespann nach Lemförde und per Bahn nach Bremerhaven geliefert. Von dort aus begleitete es die Menschen sogar auf den legendären Luxusdampfern des Norddeutschen Lloyd hinaus in die weite Welt.

Brauereigasthaus Barre's Brauwelt · Berliner Str. 123 · 32312 Lübbecke · www.barres-brauwelt.de · Mi–Sa ab 17 Uhr (Gastronomie), Museumsführungen nach Vereinbarung · Haltestelle: Papierfabrik Bus 604

Barre

Barre
Barre
Barre
Barre

Sie sind herzlich eingeladen, die Atmosphäre dieser Kirche
mit Musik, Farben und Gedanken persönlich zu gestalten.
Begrüßung & Erklärung
Passions-/Fastenzeit
Impulse * Frieden * Lieder
Gedanken & Psalmen
Meditationen
zu verschiedenen Emotionen
Stimmungen
& Farben
Lieder & Musik
Kirchenführer
KinderKirche

KIRCHE NUR FÜR MICH

38

Wie geht es Ihnen heute? Ganz ehrlich? Nicht so fantastisch, wie Sie es gerne hätten? Nicht so gut, wie Sie es der Außenwelt präsentieren? Kein Problem. In der Lichtkirche in Holsen darf man so sein, wie man sich gerade fühlt. Und entsprechend der jeweiligen Stimmung die Kirche für sich nutzen.

Es war so wie in vielen Gemeinden. Auch in der Kirche St. Philippus Neri Holsen gingen die Besucherzahlen in den letzten Jahren zurück. Grund genug für den Kirchenvorstand und das Gemeindeteam, sich Gedanken darüber zu machen, wie man die Kirche attraktiver gestalten könnte. Individueller. Mehr an die Bedürfnisse des Einzelnen angepasst. Die Idee mündete in die Installation eines medialen Kirchensystems, mit dessen Hilfe die Besucher – je nach Wunsch – Texte und Lieder oder besondere Lichtinstallationen aufrufen können. Ein Konzept, durch das die über 100 Jahre alte, neubarocke Kirche zu einem Licht am Weg geworden ist.

Hier können Sie nicht nur wie in jeder anderen Kirche einfach einkehren, beten und und entspannen, sondern die medialen Angebote nutzen und die Atmosphäre der Kirche mit Musik, Gedanken und Farben persönlich gestalten. Wie das geht? Über einen Touchscreen rufen Sie ein Set von Atmosphären auf, die mit entsprechender Musik sowie meditativen und inspirierenden Gedanken ergänzt werden.

Sie können eine Regenbogen- oder Abendstimmung zaubern oder aber einzelne Farben aufrufen und die Kirche mit diesen anstrahlen lassen. Sie können Ihren Emotionen Ausdruck verleihen, indem Sie Texte zu Traurigkeit, Krankheit, Wut, Zorn, Freude oder Dankbarkeit aufrufen und darüber meditieren. Oder Sie lassen sich Impulse zur Passions- und Fastenzeit geben: Gebete, Lieder, Andachten, einen Kirchenführer, eine Kinderkirche … All das lässt sich hier je nach Stimmung und Laune selbstbestimmt arrangieren. Kirche individuell – so könnte man das Angebot umreißen. Denn hier kann jeder und jede seinen oder ihren Aufenthalt so gestalten, wie er oder sie sich gerade fühlt.

Kirche St. Philippus Neri · Holsener Str. 26 · 33154 Salzkotten · www.lichtamweg-kirche.de · tgl. 10–18 Uhr · Haltestelle: Gutland Bus SK2, 492

39 LEBENDE FLECHT-KUNSTWERKE

Nieheim kennt man vor allem wegen des Käses. In dem kleinen Ort im Kreis Höxter hat nicht nur das Deutsche Käsemuseum seinen Sitz, sondern hier findet auch alle zwei Jahre der größte deutsche Käsemarkt statt. Weniger bekannt ist, dass es hier auch besondere, »lebende« Hecken gibt.

Sicher, ein wenig anders sehen sie schon aus, die Gebilde aus daumendicken Haselnussästen, die verwoben sind mit Weidenruten und die Wiesen begrenzen. Aber sind sie darum so besonders? Anscheinend schon, denn seit 2018 gelten die Nieheimer Flechthecken als immaterielles Kulturerbe NRW, oder vielmehr die Technik und das Binden der Hecke.

Dahinter steckt eine lange Tradition. Glaubt man historischen Quellen, gab es die Nieheimer Flechthecken schon Mitte des 17. Jahrhunderts, und ihre Verbreitung stieg. Kein Wunder, besaßen sie doch viele Vorteile gegenüber geschnittenen Hecken oder Holzzäunen: Man brauchte kein zusätzliches wertvolles Holz. Die Hecke lieferte Brennholz, Forkenstiele und Spazierstöcke. Außerdem stellte sie zusätzliche Nahrung bereit: Nüsse für die Menschen und Laub für das Vieh. Zudem dienten die Hecken als Wind- und Hochwasserschutz. Überdies war es preiswert, einen solchen lebenden Zaun zu erstellen.

Auch für die Tierwelt bieten die Flechthecken wichtige Lebensräume, denn ab dem Frühjahr werden sie zu einem grünen Wall, in dem viele Vögel brüten; ihr Dickicht lockt Mäuse, Hasen, Rebhühner und Reptilien an.

Viele Pluspunkte also, die die Flechthecke in sich vereint. Doch sie bedeutet auch Arbeit, denn die geflochtenen Äste müssen alle paar Jahre ausgelichtet und in regelmäßigen Abständen neu eingebunden werden. Ein altes Handwerk, das mit dem Rückgang der Hecken seit dem 19. Jahrhundert zunehmend in Vergessenheit geraten ist. In Nieheim kümmert sich glücklicherweise der Heimatverein darum, dass die einzigartigen Flechthecken erhalten bleiben. Im Ort und in der Umgebung können Sie sie an verschiedenen Stellen aufspüren, unter anderem im Stadtpark oder an der Flechthecke.

Flechthecken Nieheim · An der Flechthecke · 33039 Nieheim · www.nieheimer-flechthecke.de · ganzjährig zugänglich

KLINGENDES MUSEUM

40

Der Entsendung eines Luftwaffenhelfers zur Verwaltung eines Flugzeugersatzteillagers ist es zu verdanken, dass Burg Sternberg zur Musikburg wurde. Peter Harlan nämlich verwaltete nicht nur Flugzeugersatzteile, sondern baute auch Instrumente und begründete so die besondere Ausrichtung der Burg.

Sie wollten schon immer mal eine Viola da Gamba bauen? Einen Streichbogen der Renaissance anfertigen? Wissen, wie man die Musik des späten Mittelalters, der Weserrenaissance oder des Barocks zur Aufführung bringen kann? Nein? Nicht schlimm. Trotzdem lohnt ein Besuch der Burg, denn hier können Sie, auch ohne ein Kenner der historischen Musikszene zu sein, in eine faszinierende Instrumentenwelt hineinschnuppern. Möglich ist dies im sogenannten Klingenden Museum, in dem Teile der Sammlung des Peter Harlan (1898–1966) ausgestellt sind. Dieser baute nämlich nicht nur Instrumente während seiner Aufenthaltszeit auf der Burg, sondern ließ auch seine Sammlung aus dem heimatlichen Sachsen herbeischaffen. Außerdem gründete er hier eine Musikschulungsstätte und führte die historischen Instrumente der Sammlung vor. Dieses Erbe wird aktuell von Instrumentenbauer Walter Waidosch fortgesetzt. Bei ihm kann man die eingangs genannten Seminare besuchen, aber auch eigene historische Musikinstrumente reparieren lernen.

Doch natürlich können Sie beim Besuch des Museums auch einfach nur durch die Sammlung streifen, das eine oder andere Instrument selbst ausprobieren, und jede Menge über die alte Handwerkskunst des Instrumentenbaus erfahren. Auch der alten Burggeschichte kommen Sie bei einem Rundgang über das Burggelände ein Stückchen näher: Im Brunnenhaus lässt sich das alte Tretrad besichtigen, mit dem einst das Wasser aus dem Brunnen gefördert wurde. Ein weiterer Grund für einen Besuch: Neben den Besichtigungshighlights genießen Sie vom Burggelände aus einen fantastischen Blick ins Umland, und die Burgküche lädt im romantischen Burghof oder im historischen Gewölbekeller zu Kaffee, Kuchen und Snacks ein.

Burg Sternberg · Sternberger Str. 52 · 32699 Extertal · www.burg-sternberg.de · Mai–Okt. Sa, So 13–18 Uhr

41 EIN HAUCH VON MITTELMEER

Wenn Sie das Wort Burano hören und dabei eher an Italien denken als an Espelkamp, liegen Sie völlig richtig. Denn die Fischerinsel ist vor Venedig gelegen und nicht im Norden NRWs. Doch mit einem eindrücklichen Farbkonzept ist es gelungen, ein Stück Italien in die ostwestfälische Provinz zu holen.

Die Ausgangsvoraussetzungen für eine schöne Stadt waren denkbar schlecht. Espelkamp ist aus einer Heeresmunitionsanstalt entstanden, aus Gebäuden, die einst der Lagerung von Munitionsmaterialien dienten. Eigentlich sollten diese nach dem Zweiten Weltkrieg gesprengt werden, doch aufgrund der großen Flüchtlingsströme und der damit verbundenen Wohnungsnot wurden die ehemaligen Lagerhallen zu Wohnraum umgebaut und Espelkamp somit zu einem Ort, wo viele Flüchtlinge und Vertriebene ein neues Zuhause fanden. Klingt wenig verlockend und macht keine Lust auf einen Besuch der Stadt, oder?

Falsch gedacht. Denn um ein bisschen Fröhlichkeit in die Stadt zu zaubern, hat Espelkamp ganze Straßenzüge mit einem außergewöhnlichen Farbkonzept versehen. Im zentralen Burano-Viertel finden Sie leuchtend bunte Häuserfassaden, die mediterranes Flair versprühen und gute Laune machen.

Hier adaptierte man die farbliche Gestaltung eines Fischerdorfs auf der italienischen Insel Burano, wo alle Häuser unterschiedliche Farben haben. Auch die weiteren Besonderheiten der italienischen Häuser wurden umgesetzt: So gleicht auch in Espelkamp kein Haus dem anderen, aber alle Fenster und Türen sind mit einem weißen Rahmen eingefasst, und alle Häuser haben grüne Türen und Fensterläden (auch wenn diese in Espelkamp nur aufgemalt sind).

Experiment gelungen, könnte man sagen. Denn die bunten Farben und die entsprechend gestalteten Vorgärten schaffen eine unvergleichliche Atmosphäre. Ein Spaziergang durch das Burano-Viertel fühlt sich ein wenig an wie ein Ausflug an einen sommerlichen Küstenort, so als verströmte das freundlich-fröhliche Ambiente der bunten Häuser auch einen Hauch von italienischer *dolce vita*.

Buranoviertel · Innenstadt, nahe Wilhelm-Kern-Platz am Rathaus zwischen Görlitzer und Beuthener Straße · 32339 Espelkamp · Haltestelle: Rathaus Bus 605, 630, 635

ALMÆ
TRIADI

WIR KÖNNEN AUCH BAROCK

42

Eine Kirche, die ihre wahre Bestimmung nicht mehr erlebte, die aber dennoch ein Bauwerk ist, das über konfessionelle Grenzen hinaus fasziniert und begeistert. So lautet die interessante Geschichte der Bürener Kirche Maria Immaculata, im Volksmund auch Jesuitenkirche genannt.

Schon die Entstehung dauerte ungewöhnlich lange. Erst über 50 Jahre nach seinem Testament, in dem Moritz von Büren den Bau einer Kirche und eines Kollegs durch den Jesuitenorden verfügt hatte, wurde der Grundstein für das Kolleggebäude gelegt. Und auch als dieses dann im Jahr 1728 fertiggestellt war, gab es wieder eine Pause von mehr als 20 Jahren, bis mit dem Bau der Kirche begonnen wurde. Doch nach einer Bauzeit von über 16 Jahren im Jahr 1773 war dieses Projekt beendet – es fehlte nur noch der seitliche Verbindungstrakt zum Kolleg, der auch die Sakristei beherbergen sollte.

Gleich nebenan lockt der Bürgerpark Almeauen mit viel Wasser und Grün, mit Bänken und Holzliegen.

Trotzdem zu spät, denn kurze Zeit später löste Papst Clemens XIV. den Jesuitenorden auf. Das Gotteshaus wurde somit nie seinem eigentlichen Zweck – einer Kollegskirche – zugeführt; heute dient es der katholischen Pfarrgemeinde der Stadt Büren als Ort für Gottesdienste, Hochzeiten und Konzerte. Doch das ist nur die Geschichte drumherum. Egal wie und von welcher Konfession die Kirche auch genutzt wird: Sie gilt als eine der wenigen Kirchen im süddeutschen, italienisch beeinflussten Stil nördlich des Mains und zeichnet sich durch eine ungewöhnlich reiche barocke Ausstattung aus.

Besonders beeindruckend sind die Deckenfresken, die wichtige Momente aus dem Leben der Kirchenpatronin, der Gottesmutter Maria, darstellen. In warmen Pastelltönen gehalten und mit einer besonderen Perspektive versehen erwecken die Fresken den Eindruck, als sei die Kirche nach oben geöffnet. Dies wird umgangssprachlich auch als »westfälischer Himmel« bezeichnet. Es lohnt sich daher unbedingt, zum Himmelsgucker zu werden!

Jesuitenkirche Maria Immaculata · Burgstr. 2 · 33142 Büren · Di–Fr 10–17, Sa, So 12–17 Uhr · Haltestelle: Lindenstraße Bus S61, 483

43 FASZINATION WIND

Windkraftanlagen kennt man meist nur aus der Ferne. Riesige Rohrtürme, an denen sich überdimensionale Rotorblätter drehen. Richtig nahe kommen können Sie diesen Energieträgern im Windkraftmuseum Stemwede, wo Ihnen allerlei außergewöhnliche Spezies an Windrädern begegnen.

Stemwede liegt an der Westfälischen Mühlenstraße, die über 40 restaurierte Mühlen miteinander verbindet. Viele davon wurden einst per Wind angetrieben und dadurch ein Mahlwerk in Gang gesetzt – eine frühe Form der Energieerzeugung bzw. -übertragung. Heute wandeln Windkraftanlagen die Bewegungsenergie des Windes in elektrische Energie um und speisen sie ins Stromnetz. Dazwischen liegt eine lange Entwicklungsgeschichte, die anschaulich und mit vielen Exponaten vom Verein Deutsches Windkraftmuseum in Stemwede-Oppendorf erzählt wird.

Auf einem Bauernhof sammelt der engagierte Windkraftverein historische Anlagen, restauriert sie und stellt sie interessierten Besuchern zur Anschauung zur Verfügung. In dem Open-Air-Museum können Sie beispielsweise eine Tacke TW 1.5 sehen, die technischen Daten einer Lagerwey 10.6/20 nachschauen oder eine Krogmann 15/50 aus der Nähe inspizieren. Auch wenn Technik nicht Ihre Leidenschaft ist, macht es Spaß, zwischen den historischen Windrädern aus sieben Ländern umherzulaufen und skurrile Türme sowie Anlagen Marke Eigenbau auf sich wirken zu lassen. Und bestimmt werden Sie sich ganz klein fühlen, wenn Sie den riesigen Rotorblättern gegenüberstehen, die größten von ihnen sind 23 Meter lang und 1,8 Tonnen schwer.

Möchten Sie etwas mehr über die Exponate und deren geschichtliche Entwicklung wissen, können Sie im Vorhinein den Besucherservice kontaktieren und sich über das Gelände führen lassen. Ein besonderes Augenmerk des Vereins liegt darauf, die Bedeutung der Windkraft im Zusammenhang mit der aktuellen Klimaproblematik zu erläutern. Ein informativer Rundgang also, der sich ganz spontan allein oder mit sachkundiger Begleitung machen lässt.

Deutsches Windkraftmuseum e.V. · Mühlheide 14 · 32351 Stemwede-Oppendorf · www.deutsches-windkraftmuseum.de · Mo–Fr 10–16 Uhr, Sa, So nach Absprache

44

GRÜNE IRRWEGE

Laut eigenen Angaben ist der Hortus Vitalis am Rande des Kurparks von Bad Salzuflen einer der größte Hecken-Irrgarten Kontinentaleuropas. Fast so groß wie ein Fußballfeld und mit 6500 Thuja-Bäumen bewachsen. Reichlich Gelegenheit also, um sich gründlich darin zu verlaufen, aber auch, um jede Menge Spaß dabei zu haben, den Ausgang aus dem immergrünen Labyrinth zu finden. Als Belohnung für die Lösung des Geh-Rätsels bietet das Gelände auch einen kleinen Strand mit Spielplatz und Liegestühlen, wahlweise Holztische und -bänke. Eine Beach Bar sorgt für Relax-Stimmung mit warmen und kalten Getränke, Snacks, Cocktails und Eis.

Erlebniswelt Hortus Vitalis · Lietholzstr. 1 · 32105 Bad Salzuflen · www.hortusvitalis.de · Fr–So 10.30–18 Uhr · Haltestelle: Sophienstraße Bus 942

45

ANTRIEB PER PS

Mit ihren über 40 Metern Umfang ist die Rossmühle in Oberbauerschaft nicht nur die größte ihrer Art in Westfalen, sondern auch eine der wenigen, die noch im Urzustand erhalten ist. Das bedeutet, dass Sie im Inneren des achteckigen Fachwerkbaus noch immer die originale Zugvorrichtung mit dem hölzernen Kammrad bewundern können, genauso wie die in den Seitenflügeln befindliche Boke- und die Schrotmühle. (In der Bokemühle wurde Hanf und Flachs zerstampft und zerkleinert.) Die Rossmühle gilt als technische Meisterleistung; das Besondere daran: Kleinere Rossmühlen wurden üblicherweise durch um das Gebäude herumlaufende Tiere (meist Pferde) angetrieben, aber hier findet der Antrieb im Inneren, sozusagen unter »Dach und Fach« statt.

Rossmühle Oberbauerschaft · Oberbauerschafter Str. 274 · 32609 Hüllhorst · Tel. 0 57 41/85 32 · frei zugänglich

46 BESUCH BEI DER KÖNIGIN DER MITTELGEBIRGE

Neben dem allgegenwärtigen Viadukt, der längsten Kalksteinbrücke Europas, ist sie das zweite Wahrzeichen von Altenbeken: die Denkmallokomotive gegenüber dem ehemaligen Egge-Museum. Ein Besuch der alten Dame lohnt immer – besonders am Abend, wenn sie sich in ein Lichtkunstwerk verwandelt.

Sie misst fast 23 Meter in der Länge, viereinhalb Meter in der Höhe und hat ein Gewicht von nahezu 130 Tonnen: die Dampflokomotive aus dem Jahr 1941. Die gewaltige Lok zählt zu einer der wenigen noch erhaltenen Exemplare der legendären Baureihe 044. Legendär deshalb, weil diese einst »Königin der Mittelgebirge« genannte Zugmaschine dafür konzipiert war, auch auf Nebenstrecken besonders anspruchsvolles Terrain zu meistern.

> Für Lok-Liebhaber: Beim Eisenbahnfest »Vivat Viadukt« können im ehemaligen Bahnbetriebswerk historische Dampf- und Diesellokomotiven bewundert werden.

Gerade in Kriegszeiten musste man sich der Herausforderung stellen, immer mehr Züge mit immer höheren Zuggewichten zu bewegen. Darum wurde die leistungsfähige Lok in den 1940er-Jahren in besonders hoher Stückzahl hergestellt, denn sie war in der Lage, Güterzüge bis zu 1200 Tonnen auf Mittelgebirgsstrecken und 600 Tonnen über Steilrampen zu ziehen; zwei Lokomotiven konnten in der Ebene sogar bis zu 4000 Tonnen schwere Erzzüge schleppen. Wegen dieser enormen Zugkraft hieß die Baureihe 044 unter deutschen Eisenbahnern auch »Jumbo«.

Doch mit dem Niedergang der Dampflokomotiven in den 1970er-Jahren wurden Fahrzeuge dieser Bauart verschrottet. Grund genug für die Eisenbahnergemeinde Altenbeken, eines dieser alten Schätzchen zu retten und neu in Szene zu setzen. Die Gewerkschaft Deutscher Lokführer kaufte die 044 389-5 – so lautet die exakte Bezeichnung der Lokomotive – von der Bahn und verfrachtete sie im Jahr 1977 per Tieflader vor das Egge-Museum. Danach wurde die alte Lady mehrfach restauriert und liebevoll aufgearbeitet. Die Mühe hat sich gelohnt, erstrahlt die 44er doch heute in neuem, alten Glanz.

Denkmallokomotive Altenbeken · Alter Kirchweg 5 · 33184 Altenbeken · Jederzeit zugänglich

044 389-5

MAL WIEDER

ZEIT FÜR KULTUR!

47 Aufstieg zur Türmerstube S. 91
48 Die besondere Pappe S. 92
49 Tradition weiter weben S. 95
50 Nippon-Feeling um die Ecke S. 96
51 Kleines Freilichtmuseum S. 96
52 Die ganz besondere Kuh S. 99
53 Ganzheitliches Kurkonzept S. 100
54 Ein besonderer Kirchenchor S. 103
55 Märchen und mehr S. 104
56 Überraschende Firmengeschichte S. 107
57 Wo die Glasmacher wohnten S. 108
58 Kleines Dorf mit großer Geschichte S. 111
59 Kunstort mit Fabrikflair S. 112
60 Brennkultur im Ruhestand S. 115
61 Über Bauklötze staunen S. 116
62 Karolingisches Erbe S. 119
63 Einzigartige Grabmale vor der Stadt S. 120
64 Den Alltag im Krieg zeigen S. 123
65 Spannendes aus Glas S. 124
66 Lippegeschichten S. 127
67 Kirche mit Bildprogramm S. 128
68 Oase der Ruhe am Naturdenkmal S. 128
69 Eine Hommage an den Sachsenhelden S. 131
70 Stichwort: Sakrale Kunst S. 132
71 Wallfahrtsort im Wald S. 135
72 Vielfältiges Burgleben S. 136
73 Bäuerliche Traditionen S. 139
74 Der Held hinter Hermann S. 140
75 Einmalige Sprühkunst S. 143
76 Großes Schauspiel S. 144
77 Einmal leichte Kavallerie, bitte! S. 147
78 Der Blick nach Hessen S. 148

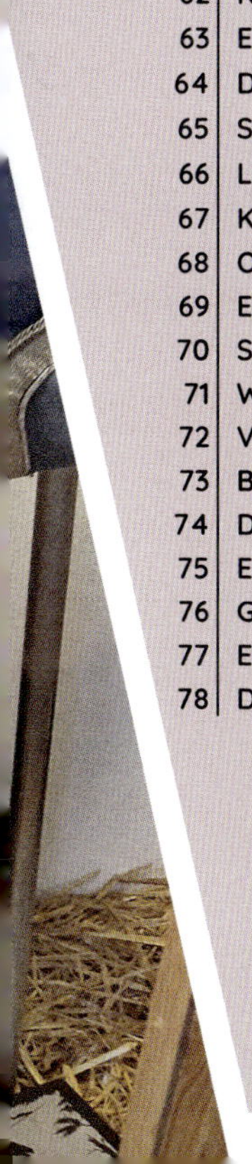

AUFSTIEG ZUR TÜRMERSTUBE

47

Schon von außen mutet der linke Kirchturm der Kirche St. Nicolai zu Lemgo mit seiner ungewöhnlichen Dachhaube besonders an. Richtig interessant wird es jedoch, wenn Sie hineinsteigen, ihn erklimmen und sein Innenleben erkunden. Spannende Ein- und Aussichten garantiert!

»Machen Sie das Licht an und schließen Sie hinter sich ab!« Nicht jede Turmbesteigung beginnt mit diesen Worten einer Tourismusbeauftragten. In Lemgo schon. Denn hier unternehmen Sie eine Turmbegehung auf eigene Faust.

Dazu heißt es zuerst einmal, sich zur Nicolaikirche zu begeben und den Eingang zu finden. Genau, es ist die schmale Tür im nördlichen Turm, die aussieht wie eine kleine Luke. Durch die geht es hinein und dann treppauf. Insgesamt 163 Stufen müssen Sie hoch, bis Sie oben im Dachgeschoss stehen und aus 35 Metern Höhe einen traumhaften Blick über Lemgo genießen: auf den Marktplatz und die Patrizierhäuser, auf den Stadtwald oder auf Schloss Brake – je nachdem, in welche Richtung Sie blicken.

Bevor es jedoch so weit ist, arbeiten Sie sich über mehrere Stockwerke nach oben: vorbei am elektrisch betriebenen Uhrwerk und am mittelalterlichen Geläut mit 22 Glocken. Und dann hinauf zur Türmerstube. Dort, wo ursprünglich der Mann wohnte, der zu jeder vollen Stunde von abends neun bis morgens um vier ins Horn blasen musste. Der die Lemgoer Bürger bei Feuer oder aufziehender Gefahr warnte. Und der außerdem an Markttagen die rote und weiße Marktfahne hisste.

Auf der Aussichtsplattform eine Etage höher befand sich der Arbeitsplatz des Türmers. Hier können Sie auch heute noch drei Holzluken öffnen und in Nord- oder Südrichtung über die Stadt blicken. Und dann heißt es: Aussicht, Aussicht, Aussicht! Über rote Häuserdächer und kleine Straßen ganz nah, hin zu kleinen Hügeln und Baumwipfeln ganz fern. Oder aus ungewohntem Blickwinkel hinüber zum zweiten, zum kirchlichen Südturm der Nikolaikirche, der den städtischen Nordturm um acht Meter überragt. Eine interessante Perspektive!

Kirche St. Nicolai · Papenstr. 11 · 32657 Lemgo · www.nicolai-lemgo.de · Di–So 9–18 Uhr · Schlüssel zur Turmbegehung bei Tourist-Information · www.lemgo-marketing.de

48 DIE BESONDERE PAPPE

Im Jahr 1697 erhielt Papiermachermeister Johann Bernd Plöger die Erlaubnis, an der Niese bei Schieder Papier herzustellen – seit 1703 existiert eine zweigeschossige Fachwerkmühle, die auch heute noch steht: ein beeindruckendes Kulturdenkmal, in dem über 300 Jahre Papiergeschichte geschrieben wurde.

Acht Generationen an Plögers waren es, die im Niesetal Papier herstellten. In den ersten Jahrzehnten aus Lumpen, später verarbeitete man Altpapier. Aber die Vorgehensweise blieb im Wesentlichen die gleiche: Erst sortieren, dann einweichen, im Kollergang zu einer flockigen Masse zerlegen, dann kam die Fasermasse unters Messer, wurde gefärbt bzw. gebleicht, über ein Rundsieb geleitet, und anschließend zerteilte man das Papierflies in Stücke.

Dieser Produktionsprozess mit teilweise maschinellem Einsatz ermöglichte es der Papiermühle Plöger, hochwertige Aktendeckel herzustellen. Aktendeckel, die verschiedenen Anforderungen genügen mussten, und darum nach dem Trocknen auf dem Boden noch mal besonders geglättet und beschnitten wurden, bevor sie ihren Weg in viele Amtsstuben und Kanzleien fanden.

Aktendeckel waren das Hauptgeschäft der Familie Plöger, bis in die späten 1960er-Jahre wurden sie hier in großen Stückzahlen hergestellt. Dann lohnte die Produktion nicht mehr, der Betrieb wurde nur noch hobbymäßig betrieben und schließlich stillgelegt.

Doch glücklicherweise machte sich der Heimatverein Schieder-Schwalenberg dafür stark, die alte Mühle zu restaurieren und auf Vordermann zu bringen. Heute können Sie darum in diesem einzigartigen Gebäude die Papierproduktion am Originalstandort nachverfolgen. Von den Mühlrädern bis zum Antriebsraum, vom Trockenboden bis zum Schneidwerk lernen Sie nicht nur alle speziellen Maschinen und Gerätschaften der Papierherstellung kennen, sondern auch die Arbeitsgänge von der Ursprungsfaser bis zum gefalzten Aktendeckel. Engagierte Museumsmitarbeiter führen Sie mit viel Herzblut durch die Mühle, versorgen Sie mit Insiderwissen und allerlei Anekdoten.

Papiermühle Plöger · Im Niesetal 11 · 32816 Schieder-Schwalenberg · www.papiermuehle-ploeger.de/papiermuehle.de · Mai–Okt. So 10–12, 15–17 Uhr

OELSMEIER

TRADITION WEITER WEBEN

49

Alte Handwerke wie Spinnen und Weben sind vielerorts in Vergessenheit geraten. Umso besser, dass sich eine engagierte Gemeinschaft in Ilse dafür einsetzt, diese einst bäuerlichen Traditionen nicht nur zu bewahren, sondern ihnen mit kreativen Ideen neues Leben einzuhauchen.

Einen Dorfwettbewerb und etliche ungenutzte alte Webstühle könnte man als Keimzelle der Ilser Webstube in Petershagen beschreiben. Im Rahmen der Initiative »Unser Dorf soll schöner werden« nämlich wurde auf Dachböden der umliegenden Höfe nach alten Bauernwebstühlen gefahndet und diese wieder aufgebaut. Heimat fanden sie vorerst in dem alten, leer stehenden Wohnzimmer der Großeltern der Familie Nahrwold. Und glücklicherweise gab es auch eine Fachfrau, die Webmeisterin Frieda Reimler aus Minden, die einer Gruppe von Interessierten zeigte, wie man mit diesen alten Webstühlen kleine Kunstwerke herstellen konnte.

Auch heute noch ist die Ilser Webstube bei Familie Nahrwold beheimatet – inzwischen jedoch mit einer wesentlich größeren Anzahl an Webstühlen und im ehemaligen, im Jahr 1993 umgebauten Schweinestall.

Hier wird seither am Mittwochabend fleißig geschert und gesponnen, sowie an 14 funktionsfähigen Webstühlen verschiedener Generationen gewebt: Tischtücher, Handtücher und Läufer aus Leinen, Seide, Wolle und Baumwolle sind es, die oftmals entstehen, ebenso Teppiche, Kulturtaschen, Decken oder Schals. Jede der mitwirkenden Frauen verfolgt ein eigenes Projekt, und jedes gefertigte Teil ist ein Unikat; unterstützt, beratschlagt und gewerkelt wird jedoch gemeinsam.

Auch wenn das Weben nicht zu ihren Leidenschaften zählt, macht ein Besuch in Ilse Spaß: Das Klappern der alten Webstühle, die emsige Geschäftigkeit und die vielfältigen Projekte der hier arbeitenden Kreativen ziehen Sie sofort in ihren Bann. Damit Sie den Weberinnen nicht nur über die Schulter schauen, sondern auch gezielt etwas fragen können, stellt ein einführender Film die Grundlagen des Handwerks vor.

Ilser Webgemeinschaft e.V. · Ilser Postweg 8 · 32469 Petershagen · www.webstube-ilse.de · Mi 19.30–22, März–Nov. jeden 2. So im Monat 14–17 Uhr

50 NIPPON-FEELING UM DIE ECKE

Zugegeben, es ist nur ein Hauch von Exotik, ein kleines Fleckchen Erde am Rande des Bohnenbach-Tals. Doch dieses kleine Areal reicht aus, um innezuhalten und zu schauen. Um Sie von der Rolle des Besuchers in diejenige des Betrachters dieses fremdartigen Gartens mit den strengen geometrischen Formen, dem exakt geharkten Kies, den kleinen Felsen und geduckten Kiefern, den Wasserläufen und kleinen Brücken schlüpfen zu lassen.

Ein Besuch lohnt immer – besonders jedoch im Frühjahr, wenn über 40 Azaleen und Kirschbäume den Garten in ein Blütenmeer verwandeln. Oder im Herbst, wenn die Blätter von Ahorn und Kirsche in feurigen Rottönen leuchten.

Japanischer Garten · Quellenhofweg 125 · 33617 Bielefeld · Rund um die Uhr geöffnet · Haltestelle: Lindenhof Bus 121

51 KLEINES FREILICHTMUSEUM

Sie ist die Doppelstadthälfte von Schieder, dem Stadtteil mit See, Schloss und Barockgarten, mit Fun Park und Promenade. Das alles hat Schwalenberg nicht. Doch was auf den ersten Blick ruhig, beschaulich und ein wenig dörflich wirkt, entpuppt sich auf den zweiten Blick als wahres Kleinod. Denn die ehemalige Malerstadt bietet allerorten wunderschöne Relikte der Weserrenaissance. Neben vielen alten, mit reichen Schnitzereien überzogenen Fachwerkhäusern, zeugt vor allem das 1579 errichtete historische Rathaus von der Blütezeit Schwalenbergs. Wenn Sie genauer hinschauen, entdecken Sie neben typischen Ornamenten wie Muschel- und Fächerrosetten auch Inschriften, Wappenschilde und sogar figürliche Darstellungen wie Löwe oder Greif.

Historischer Ortskern · Marktstr. 9 · 32816 Schieder-Schwalenberg · Haltestelle: Am Oekerberg Bus 760

UNTER DER GLÜCKSELIGSTEN REGIRUNG DES
·V·HERRN HERRN·FRIDRIGH ADOLPH REGIRENDE
LIPPE SOUVERAIN VON VIANEN AMEDEN·ERB
UND ANORDNUNG DES P·T·GR·LIPP·AMTMANS ZU
SCHMT IST DESE · HAUS
ANNO 1658
750
AHRE
WA-
N-

DIE GANZ BESONDERE KUH

52

Sie war an die 3,50 Meter lang, hatte Vorderflossen, die früher mal Arme und Hände waren, fraß Gras, Schnecken und Muscheln und ist der Star der geologischen Ausstellung des Dobergmuseums in Bünde: die Seekuh *Anomotherium langewieschei*.

Wie kommt ein Säugetier, das vor rund 25 Millionen Jahren lebte, zu dem Namen *Anomotherium langewieschei*? Bei der Seekuh, deren Skelett man in einem riesigen Schaukasten im Museum Bünde bewundern kann, ist das ganz einfach: Sie wurde nach dem ehemaligen Museumsleiter Friedrich Langewiesche benannt. Dieser stand nicht nur dem Museum vor, sondern wurde vor allem wegen seiner Ausgrabungen im Doberg zu Anfang des 20. Jahrhunderts bekannt: der Ort, wo im Jahr 1912 letztendlich das Skelett der Seekuh und Teile eines Zahnwals sowie weitere bedeutende Fossilien aus der Zeit des Oligozäns gefunden wurden.

Wenn Sie wissen möchten, wie Seekühe in echt aussehen, schlüpfen Sie am besten in den Vorführraum hinten in der Ausstellung und tauchen per Film in das Universum der Urzeittiere ein. In dem kleinen Seekuh-Kino schauen Sie zu, wie ein Riese, der ein wenig wie eine überdimensionierte Robbe aussieht, über den Meeresboden pflügt und lauschen den Geräuschen der gemütlich wirkenden Tiere, deren Vorfahren vor über 50 Millionen Jahren als vierbeinige Säuger an Land lebten.

Wenn Sie dem Charme der Seekuh erlegen sind, interessiert es Sie vielleicht auch, wo ihr Skelett gefunden wurde. Die Fundstätte liegt nur ein paar Kilometer entfernt, im Naturschutzgebiet Doberg im Süden von Bünde. Besonders Liebhaber der Geologie kommen hier auf ihre Kosten, denn in der zerklüfteten Landschaft, die durch den Abbau von Mergel entstanden ist, sind wie kaum sonst auf der Welt die vollständigen Schichten des Chattium erhalten geblieben. Darum beherbergt der Doberg nicht nur eine der umfangreichsten Fossilienlagerstätten des Oligozäns nördlich der Alpen, sondern gilt außerdem als Stratotyp für diese Epoche.

Dobergmuseum · Fünfhausenstr. 8–12 · 32257 Bünde · www.buende.de · Di–Fr 14–18, Sa, So 11–18 Uhr · Haltestelle: Museumsplatz Bus 2/547, 3/548

53 GANZHEITLICHES KURKONZEPT

Wo im Zentrum anderer Städte ein Marktplatz oder eine Kirche liegen, befindet sich in Bad Oeynhausen der Kurpark, denn die Stadt am Rande des Wiehengebirges ist aus einem Heilbad entstanden. Daraus hat sich im Laufe der Zeit eine mondäne Kur- und Bäderwelt mit langjährigen Traditionen entwickelt.

Die Entdeckung einer Heilquelle ist in der Regel der Startschuss für ein Kurbad. Für Bad Oeynhausen lag dieser im Jahr 1845 mit der Entdeckung einer Thermalsolequelle. König Friedrich Wilhelm IV. gründete daraufhin einen Badeort und ließ im Umfeld der Quelle einen Park errichten, der vom königlichen Gartendirektor Peter Joseph Lenné gestaltet wurde. In dem romantischen englischen Landschaftspark entstand in Folge ein einmaliges Ensemble von Kurgebäuden unterschiedlicher Architekturstile, die dem Park den Ruf eines »Architekturmuseums des 19. Jahrhunderts« eintrugen. Neben dem neobarocken Kurhaus und dem Kurtheater im Stil des Neorokokos wurde ein spätklassizistisches Badehaus gebaut sowie ein weiteres im Stil der Renaissance. Besonders auffällig ist die neoklassizistische Wandelhalle in Form eines griechischen Tempels mit dorischen Säulengängen für Brunnenausschank, Kurkonzerte und Kaufvergnügen.

Und genau hier beginnt das (Kur)vergnügen – unabhängig davon, ob Sie als Kurgast in Bad Oeynhausen weilen oder als normaler Bürger durch den Park streifen. Denn jeder kann hier vom Heilwasser aus dem Wittekind-Brunnen II kosten. Es empfiehlt sich, das prickelnde Natrium-Calcium-Chlorid-Sulfat-Wasser des Brunnens nicht im Sitzen oder Stehen in kleinen Schlucken zu sich zu nehmen, sondern dabei stilecht auf und ab zu laufen, sprich: zu wandeln.

Doch das Heilwasser ist nur ein Teil des ganzheitlichen Kurkonzepts. Auch Musik gehört dazu; dementsprechend können Sie in der Wandelhalle auch fast jeden Tag den Klängen des Staatsbad Orchesters lauschen und die wohltuende Wirkung der Musik spüren. Ein ganz besonderes, kostenloses Vergnügen!

Wandelhalle Bad Oeynhausen · Am Kurpark · 32545 Bad Oeynhausen · www.staatsbad-oeynhausen.de · Brunnenausschank Mo–Mi, Sa, So 13–16.30 Uhr · Kurkonzerte Sa–Mi 14.30–16, So 11–12 Uhr · Haltestelle: Bahnhof Bad Oeynhausen

Herzlich willkommen
zum
After Work Singing!

2.Leute haben´s oft gesagt
Hollahi Hollaho
Daß ich ein fein´s Liebchen hab

EIN BESONDERER KIRCHENCHOR

54

Was gibt es Besseres, als mit einem Lied auf den Lippen beschwingt ins Wochenende zu starten? Umsetzen können Sie dieses Gute-Laune-Projekt gemeinsam mit Gleichgesinnten im Herzen von Bielefeld. In der Altstädter Nicolaikirche trifft man sich freitags um halb 5, um die Stimmen klingen zu lassen.

»Erst mal locker werden«, so lautet die Empfehlung von Chorleiterin Kamilla Matuszewska. Und dann geht es auch schon los: Da werden Kiefer massiert, Arme und Beine ausgeschüttelt, laut vielstimmig geseufzt, und zum Schluss gibt's noch mal eine Attacke aufs Zwerchfell mit einem lauten »Ha« und einer Bewegung, als wolle man mit einem Karateschlag eine Platte durchschlagen. Dann passt das Energielevel, und der Körper ist auf das eingestimmt, was in der nächsten halben Stunde passiert: Jetzt wird gesungen, was das Zeug hält bzw. was die Stimmen hergeben. Teilweise in den Bänken sitzend, teilweise stehend, laut und leise, verhalten und fröhlich.

Nach dem Singen lohnt die Besichtigung des kostbaren Schnitzaltars aus der Werkstatt der Antwerpener Lucasgilde mit 250 Figuren.

Die Leinwand, auf der die Texte von Volksliedern bis Popsongs, von englischen Evergreens bis zu getragenen Weisen abgebildet sind, immer fest im Blick. Neben der Leinwand sitzt die Chorleiterin vor dem zusammengewürfelten After-Work-Chor, der sich aus allen Altersgruppen rekrutiert. Kamilla Matuszewska gibt im wahrsten Sinne des Wortes mit dem Klavier den Ton an, stellt weniger bekannte Lieder vor, lässt knifflige Textpassagen und Melodien üben, und teilt die Bereiche für den mehrstimmigen Kanon ein.

Wenn Sie sich auf dieses lockere Schwingen der Stimmen einlassen, können Sie nach einer guten halben Stunde auf ein buntes Potpourri an Liedern zurückblicken, das Sie selbst mitgestaltet haben. Das stimmungsvolle Singen zaubert Ihnen garantiert ein Lächeln ins Gesicht und trägt Sie durch den Abend, und vielleicht ja sogar durchs Wochenende.

After Work Singing · Altstädter Nicolaikirche · Niedernstr. 4 · 33602 Bielefeld · www.klangfestival-bielefeld.de/veranstaltungen/after-work-singing · Fr 16.30 Uhr · Haltestelle: Rathaus U1, U2, U3, U4

55 MÄRCHEN UND MEHR

Wie und in welcher Form werden Märchen eigentlich dargestellt? In Büchern natürlich. Aber in der Villa Baehr in Bad Oeynhausen stoßen Sie auf viele weitere interessante und ungewöhnliche »Märchenträger«: Dioramen, Werbeartikel oder Leporellos. Lassen Sie sich überraschen!

Dem Kunsthistoriker und Schriftsteller Karl Paetow ist es zu verdanken, dass Bad Oeynhausen über ein eigenes Märchenmuseum verfügt. Dieser schenkte nämlich im Jahr 1973 der Stadt Bad Oeynhausen seine private Märchen- und Sagensammlung. Und er war es auch, der das neu gegründete Museum am Kurpark in Bad Oeynhausen die ersten Jahre über ehrenamtlich leitete.

> Lauschen Sie Märchen bei einer Erzählstunde, die einmal im Monat im Museum stattfindet – jedes Jahr stehen diese unter einem anderen Oberthema.

Die ursprüngliche Sammlung des ersten Museumsleiters umfasste viele Märchenbücher, Märchen- und Sagenillustrationen sowie Märchenfiguren und Gegenstände mit Bezug zu Märchen und Sage. Und auch heute noch teilt sich die Sammlung in Bücher zum einen sowie Bilder und Objekte zum anderen auf. Ein besonderer Schwerpunkt des Museums liegt jedoch auf der bildlichen Umsetzung von Märchen- und Sagenmotiven. Darum stoßen Sie bei einem Streifzug durch die Ausstellungsräume nicht nur auf zahlreiche Illustrationen wie zum Beispiel zu den Märchen der Gebrüder Grimm oder Hans Christian Andersen, sondern auch auf die bildlichen Interpretationen von Märchen- und Sagenstoffen aktueller Künstlerinnen und Künstler. Märchenmotive begegnen Ihnen außerdem auf Postkarten und Sammelbildern, auf Briefmarken und Plakaten, auf Gesellschaftsspielen und Spielzeug, auf Textilien, Porzellanfiguren, Sammeltellern und Kindergeschirr.

Auch schmökern können Sie reichlich in der Villa Baehr, denn das Museum verfügt über eine große Präsenzbibliothek mit Volks- und Kunstmärchen aus aller Welt. Daneben finden Sie Bücher mit Sagen aus dem deutschsprachigen Raum, mit Fabeln, Legenden, Schwänken und Mythen.

Deutsches Märchen- und Wesersagenmuseum · Am Kurpark 3 · 32545 Bad Oeynhausen · www.badoeynhausen.de · Mi–So 11–13, 14–18 Uhr · Haltestelle: Bahnhof Bad Oeynhausen

MIELE
81
Miele verpasst den Rallyesieg nur knapp.
Das Miele Automobil bewährt sich bei der dreitägigen Sternfahrt von Minden nach Frankfurt am Main.
Nur ein geplatzter Vorderreifen und der dadurch notwendige Radwechsel verhindern einen Sieg.
Die erfolgreiche Teilnahme beweist die Zuverlässigkeit und Qualität der Fahrzeuge – Miele Automobile werden gut verkauft.
Miele just misses winning the rally.
The Miele motorcar performs well on the three-day event from Minden to Frankfurt. Only a punctured front tyre and the time spent changing the wheel prevent Miele from winning the race. Success in the rally is living proof of the dependability and quality of the vehicles, helping Miele motorcars to sell well.

ÜBERRASCHENDE FIRMENGESCHICHTE

56

Miele steht für Hausgeräte wie Waschmaschine, Kühlschrank und Herd. Weniger für Auto, Moped und Fahrrad. Doch auch diese hat das Unternehmen im letzten Jahrhundert hergestellt. Anschauen können Sie die eher ungewöhnlichen Produkte im firmeneigenen Museum in Gütersloh. Highlight: ein roter Rennwagen.

Wenige wissen, dass Milchzentrifugen und Buttermaschinen die ersten Artikel waren, die Carl Miele und Reinhard Zinkann in ihrer 1899 gegründeten Zentrifugenfabrik Miele & Cie., einer alten Säge- und Kornmühle in Herzebrock, fertigten. Das war, bevor es losging mit den Waschmaschinen – erst mechanisch, dann elektrisch. Oder mit den Staubsaugern. Oder mit den Backöfen, Spülmaschinen, Wäschetrocknern, Mikrowellen, Bügelmaschinen und allem, was man heute an Hausgeräten von Miele kennt.

Weithin unbekannt ist auch die Tatsache, dass das Unternehmen – vor allem in den 1930er-Jahren – Fahrräder und Motorräder herstellte, und dies auch noch für besondere Bedarfe: Neben »normalen« Gebrauchsrädern gab es zum Beispiel auch schwere Gepäckfahrräder. Oder das Miele Fahrrad Typ »Arbeitsdienst« – ein Rad für »höchste Beanspruchung und raue Behandlung«. Für ältere Menschen sowie für Ärzte, Förster, Pfarrer und Landbriefträger, die viel unterwegs waren, wurde sogar ein Motor-Fahrrad angeboten. Das Elektro-Bike lässt grüßen! Ferner produzierte Miele von 1912 bis 1914 auch Automobile, mit denen teilweise sogar Langstrecken-Rennen gefahren wurden. Viele dieser alten Fahrzeuge können Sie live und in Farbe im Miele-Museum am Sitz des Unternehmens in Gütersloh bestaunen.

Doch in der Ausstellung stoßen Sie nicht nur auf Oldtimer des Genres Fahrzeuge, auch alte Modelle von Hausgeräten versprühen nostalgisches Flair. In einer »Waschstraße« machen Sie außerdem eine Zeitreise durch die Entwicklung der Waschmaschinen vom Holzbottich bis zum High-Tech-Gerät; im »Kino« entführen Sie alte Werbefilme in die neue Alltagswelt mit modernen Maschinen und zeigen, wie diese den Haushalt revolutionierten.

Miele Museum · Carl-Miele-Str. 29 · 33332 Gütersloh · www.miele.de · Mo–Fr 8–17.30 Uhr · Haltestelle: Miele Werke Bus 85, 201

57 WO DIE GLASMACHER WOHNTEN

Ein Dunkelzimmer fand sich früher in jeder Glasmacher-Wohnung. Aber was ist das eigentlich? Aufschluss darüber gibt das ehemalige Fabrikdorf der Glashütte Gernheim. In den Arbeiterhauszeilen vor Ort erleben Sie ein Stück authentische Wohnkultur der früheren Fabrikarbeiter.

Also: Wie war das denn nun mit den Dunkelzimmern? Traditionsgemäß gab es in einem Arbeiterhaus sogenannte gefangene Zimmer, die keine Außenfenster hatten und somit von Natur aus dunkel waren. Dies ermöglichte es den Glasmachern am Tag zu schlafen, denn ihre Tätigkeit erforderte, dass sie stets abrufbereit und auch nachts arbeiten mussten. Doch nicht nur die Dunkelzimmer lernen Sie kennen, wenn Sie die alten Werkswohnungen in Gernheim besichtigen, nebenbei erhalten Sie auch interessante Einblicke in Lebens- und Einkommensverhältnisse der Arbeiter.

Besondere Glaswelten bieten auch die Sonderausstellungen internationaler Glaskünstler im Herrenhaus.

Am anderen Ende der Hierarchie standen die Besitzer der Glashütte. Und auch zu ihnen gibt's im Fabrikdorf jede Menge Anschauungsmaterial. Das Herrenhaus wurde nach originalen Vorgaben restauriert; nicht nur alte Tapeten, sondern auch die Überreste des Hausstands der Fabrikanten finden Sie in den alten Wohnräumen. Und werfen Sie doch einen Blick in den schönen, nach historischen Plänen rekonstruierten Herrenhausgarten! Weitere interessante Stationen im Fabrikdorf sind zum Beispiel die Korbflechterei im Erdgeschoss des Museumsgebäudes oder auch der Gemengeschuppen, wo es um die Zusammensetzung von Glas und das Formen von Gefäßen geht.

Sie sind jetzt richtig neugierig geworden auf das Glasmachen? Dann schauen Sie sich am besten im eigentlichen Museum um, wo Sie alles über die Geschichte der Glasherstellung und ihre Produkte erfahren. Und lassen Sie sich auf keinen Fall entgehen, den Glasmachern dabei zuzusehen, wie sie auch heute noch Gläser und andere Gefäße im einzigartigen Kegelturm herstellen.

LWL-Museum Glashütte Gernheim · Gernheim 12 · 32469 Petershagen · www.glashuette-gernheim.lwl.org/de · Di–So 10–18 Uhr

„Wenn du dich diesem Orte nahest,
so wird es dir ergehen, wie du mir gethan hast."
דהוה יפגע

KLEINES DORF MIT GROSSER GESCHICHTE

58

Wofür steht eigentlich das Dorf B., Hauptschauplatz der *Judenbuche* von Annette von Droste-Hülshoff? Insider wissen das. Für alle anderen hat der kleine Ort Bellersen im Lipperland seiner großen literarischen Vergangenheit mit einer Ausstellung über die weltberühmte Dichterin ein Denkmal gesetzt.

Wenn Sie das ehemalige Wohnhaus des Kreisarchivars Horst-Dieter Krus betreten, sind Sie gleich mittendrin. Denn dieses versteht sich als Ort der Begegnung. Es beherbergt neben einem Archiv, einem Versammlungsraum und einer Schaubrennerei seit Neuestem auch ein kleines Literaturmuseum. In diesem bekommen Sie nicht nur spannende Einblicke in die Entstehung und Hintergründe der Novelle *Die Judenbuche*, sondern auch jede Menge interessante Insights aus dem Privatleben der Annette von Droste-Hülshoff.

Möchten Sie erfahren, warum diese gerade Orte in und um Bellersen als Schauplatz ihrer Meisternovelle wählte? Oder auf welchen Begebenheiten ihre Geschichte fußt? Oder sind Sie einfach nur neugierig auf Frau von Droste-Hülshoff privat – wollen wissen, wie sie wirklich war, die Dichterin, die durch *Die Judenbuche* aus dem Jahr 1842 weltweit bekannt wurde?

Dann sollten Sie die Ausstellung in Haus Krus erkunden, vorbei an lebendigen Schautafeln, die gespickt sind mit Briefen und Zitaten, Skizzen und Porträts. Beim Gang durch das Museum machen Sie gleichzeitig einen Ausflug in die Romantik, die Zeit, in der Annette von Droste-Hülshoff lebte, verfolgen die Lebensstationen der Dichterin, lernen ihre Weggefährten kennen, erleben »Nette« als Mensch mit besonderen Eigenarten und erhalten Einblick in unglückliche Liebschaften und familiäre Intrigen.

Wenn Sie sich darüber hinaus auch aktiv mit der Erzählung *Die Judenbuche* auseinandersetzen möchten, bekommen Sie Gelegenheit dazu in einem Raum mit szenografischer Darstellung, mit simuliertem Blätterdach und Baumstamm. Durch das Verschieben mobiler Baumstümpfe können Sie die Standpunkte und Sichtweisen der Akteure und Akteurinnen verändern.

Haus Krus · Meinolfusstr. 30 · 33034 Brakel-Bellersen · www.Haus Krus (bellersen.de) · Sa 14–18, So 10–18 Uhr · Haltestelle: Wendeplatz Bus 585

59

KUNSTORT MIT FABRIKFLAIR

Früher wurden hier Häute gegerbt und Leder für Treibriemen und Schultaschen gefertigt. Heute ist die Alte Lederfabrik in Halle ein Ort, an dem Künstler und Handwerker arbeiten. Zweimal im Jahr jedoch wird das alte Industriegebäude auch zur Begegnungsstätte und zu einem Ort des Staunens.

Sie hat ihren Charakter bewahrt, die Alte Lederfabrik an der Alleestraße in Halle. Nicht nur die Außenfassade lässt einen früheren Produktionsstandort erahnen, auch das Innere der Güttgemannschen Leder-Treibriemenfabrik verströmt das Flair alter Industriekultur. Dickes, unverputztes Mauerwerk, enge Gänge, weite Hallen, alte Maschinen und Gerätschaften erinnern an die Zeit, als hier noch Häute gegerbt und zu Leder verarbeitet wurden. Gepaart mit ungewöhnlichen Kunstobjekten der jetzigen Bewohner, mit Unikaten aus den Bereichen Kunst, Handwerk und Design ergibt diese Kombination einen einzigartigen Charme, dem man sich kaum entziehen kann.

An zwei besonderen Gelegenheiten im Jahr haben Sie selbst die Chance, diese außergewöhnliche Atmosphäre in sich aufzusaugen, diesen Gegensatz von ungeschönter Objektarchitektur und einzigartigem, filigranem Design, von profaner Zweckmäßigkeit und außergewöhnlichen Kunstwerken zu erleben.

An den Veranstaltungstagen von »Frühlingserwachen« und »Unikat« können Sie in die Ateliers hineinschnuppern; in den alten Fabrikhallen stellen aber auch Künstler aus, die sonst nicht ständig vor Ort sind: Sie bewegen sich dann durch einen bunten Mix aus interessanten Kunstobjekten, handgefertigten Einzelstücken aus Werkstätten sowie erlesenen Manufakturerzeugnissen.

Einen kleinen Eindruck des besonderen Ambientes dieses alten Industriestandortes bekommen Sie aber auch, wenn Sie die Städtischen Galerien der Stadt Halle im Hauptgebäude der Alten Lederfabrik besuchen; diese laden regelmäßig zu Wechselausstellungen ein. Außerdem gibt es permanente Läden vor Ort: In einem Teegeschäft und einem Weinhandel können Sie zu regulären Öffnungszeiten einkaufen.

Alte Lederfabrik Halle · Alleestr. 64–66 · 33790 Halle (Westf.) · www.haller-leben.de · Öffnungszeiten und Veranstaltungen laut Webseite · Haltestelle: Beuken Schmedt Bus 43, 89

BRENNKULTUR IM RUHESTAND

60

»Vom Korn zum Korn« – diese Veredlung vom festen Korn zum geistigen Getränk anschaulich zu erklären hat sich der Verein rund um das Kornbrennerei-Museum zur Aufgabe gemacht. Eine spannende Geschichte. Umso spannender, da sie sich am Originalstandort der Alten Brennerei Hille abspielt.

»Eigentlich ist es nur ein ruhender Betrieb«, sagt Rainer Eschedor, Vorstandsmitglied des Heimat- und Gartenbauvereins e. V. Hille. Als Museumsführer kennt er die ehemalige landwirtschaftliche Kornbrennerei Christian Meyer, die bis 1990 betrieben und 1995 unter Denkmalschutz gestellt wurde, in- und auswendig.

Wenn Sie die traditionellen Brände auch verkosten möchten, sollten Sie sich einen Termin beim Gin- oder Korn-Tasting reservieren.

Darum weiß er nicht nur, dass man von heute auf morgen den Betrieb hier wieder aufnehmen und die Traditionsprodukte wie »Hiller Bastkorn« oder den »Hiller Moorbrand« herstellen könnte, sondern kennt auch jede Gerätschaft, jede Maschine und jede Besonderheit, der man auf einem Rundgang durch die Alte Brennerei Hille begegnet. Fachkundig erklärt er, wie das Roggenkorn geschrotet und gemahlen, wie die Getreidestärke aufgeschlossen wurde, wie das zugesetzte Malz im Maischbottich die Stärke in Zucker umwandelte, und wie in Gärtanks der Getreidebrei mithilfe von Hefe vergoren und somit Alkohol gebildet wurde. Auch die nachfolgende Destillation, das Brennen, kann er an den original benutzten Geräten erläutern und so lebendig werden lassen.

An jedem zweiten Sonntag im Monat können Sie die alte Kornbrennerei aus dem Jahr 1721 besichtigen, sich auf Anfrage durch das Gebäude mit integriertem Heimatmuseum führen und anschließend bei Kaffee und Kuchen das historische Ambiente des Kesselhauses auf sich wirken lassen. Eine Besonderheit sind die szenischen oder historischen Führungen, bei denen die Museumsführer als Mitarbeiter der Brennerei in den 1960er-Jahren auftreten und vom laufenden Betrieb erzählen.

Museum »Alte Brennerei« · Gin- und Korn-Tastings laut Webseite · Mindener Str. 71 · 32479 Hille · www.AlteBrennereiHille.de · April–Okt. jeden 2. So, Mo 13.30–18 Uhr · Haltestelle: Apotheke Bus 526, 605

61 ÜBER BAUKLÖTZE STAUNEN

Schloss Neuhaus an sich ist schon einen Besuch wert. Die alte Residenz bezaubert nicht nur mit rekonstruiertem Barockgarten; auch das Schloss stellt ein imposantes Baudenkmal der Paderborner Fürstbischöfe dar. Möchten Sie diesen noch näher kommen, schauen Sie doch mal im Residenzmuseum vorbei.

Mal ehrlich: Wann haben Sie zuletzt mit Bauklötzen gespielt? Lange her, oder? Doch genau das können Sie im Residenzmuseum von Schloss Neuhaus. Im alten Remter (Versammlungssaal) des Schlossgebäudes wird nicht nur theoretisch die Baugeschichte des Schlosses erläutert, sondern Sie können selber zur Bauherrin beziehungsweise zum Bauherrn werden. Ein großer Fundus an bunten Bauklötzen lädt dazu ein, anhand von detaillierten Vorlagen Renaissance-Bauten nachzukonstruieren. Hier warten Türme und Tore in allen möglichen Facetten, mit spitzen und flachen Dächern, Giebeln, Erkern und Ornamenten darauf, von der Zeichnung in eine dreidimensionale Darstellung umgesetzt zu werden. Neben der baulichen Herausforderung bietet das kleine Museum im Erdgeschoss noch weitere interaktive Möglichkeiten, um sich der Geschichte des Hauses zu nähern: Sie können alte Schallplatten hören; ein Duft-Memory fordert dazu heraus, sich den olfaktorischen Eindrücken des Barockgartens zu widmen, und an einer kleinen Archäologie-Station gilt es, Schlossgrabenfunde zuzuordnen.

In der Bel Etage im Obergeschoss durchschreiten Sie schließlich die ehemaligen Fürstenräume: darunter das Speisezimmer, das Porzellan-Schenk-Zimmer, das Marschalltafel-Zimmer und das Kabinett. Die Räume wurden durch Fürstbischof Clemens August Mitte des 18. Jahrhunderts neu gestaltet. Der Gute selbst ist auf einem lebensgroßen Porträt zu sehen, das immer noch am ursprünglichen Ort hängt. Weitere Glanzlichter: Der Turmraum beherbergt die fürstliche Bibliothek mit kostbaren und reich bebilderten Büchern, die von Fürstbischof Ferdinand von Fürstenberg stammen. Und im Kabinett erwartet Sie erneut Clemens August – diesmal als göttlicher Apollo dargestellt.

Residenzmuseum Schloß Neuhaus · Residenzstr. 2 · 33104 Paderborn-Schloß Neuhaus · www.paderborn.de · Di–Fr 14–18, Sa, So 10–18 Uhr · Haltestelle: Schloß Neuhaus Bus N7

4
ANKER

KAROLINGISCHES ERBE

62

»SiebenAchtVier war Karl der Große hier« – es heißt, das lernen die Kinder in Lügde auch heute noch in den Grundschulen. Denn im Jahr 784 hat der Legende nach der große Frankenkönig in Lügde im äußersten Osten des Kreises Lippe das Weihnachtsfest gefeiert.

Gefeiert hat er natürlich nicht irgendwo, sondern in einer kleinen Kirche, die Karl auf einem Bergsporn im Süden der heutigen Stadt errichtet haben soll – der Vorgängerbau der heutigen St. Kilianskirche. Archäologische Grabungen ergaben einen karolingischen Saal mit eingezogenem Chor als Erstbau; nachträglich wurde dieser im 12. Jahrhundert um ein Kirchenschiff, einen Chor und einen Turm erweitert. Bemerkenswert an der St. Kilianskirche ist nicht nur, dass die heutige romanische Gewölbebasilika in ihrer ursprünglichen Form aus dem Mittelalter erhalten geblieben ist und somit als eines der ältesten Gebäude Westfalens gilt. Auch im Inneren lassen sich noch romanische Gewölbemalereien aus dem 13. Jahrhundert entdecken: Architekturmalerei mit Säulen und Bögen, unter denen ein Rankenfries entlangläuft sowie eine Abbildung von Eva mit Lebensbaum. Sehenswert sind ferner die Würfelkapitelle, von denen in Westfalen nur noch wenige erhalten sind. Eine weitere Besonderheit wartet auf dem Friedhof: Vor dem Eingang finden Sie das Grabmal des letzten Scharfrichters von Lügde.

Besonderen Feuerzauber verbreitet der Lügder Osterräderlauf: Am Ostersonntag rollen sechs mannshohe, brennende Eichenholzräder den Osterberg hinunter.

Wenn Sie alte Ortskerne mögen, sollten Sie noch einen Abstecher zur Altstadt von Lügde machen, die gleich nebenan liegt. Mit ihrem alten Straßengrundriss, der Stadtmauer sowie zwei Wehrtürmen aus dem 12. Jahrhundert gilt sie als einer der am besten erhaltenen historischen Stadtkerne Westfalens. Beim Spaziergang durch die schöne Fachwerkkulisse entdecken Sie bestimmt auch die frühklassizistischen Ackerbürgerhäuser mit ihren typischen, hallenartigen Deelen.

St. Kilianskirche · Höxterstr. 9 · 32676 Lügde · Haltestelle: Zu den zwei Linden

63 EINZIGARTIGE GRABMALE VOR DER STADT

Gräber findet man öfter im Wald. Diejenigen am Lotteberg in Halle sind jedoch einzigartig. Denn ganze Privatfriedhöfe wurden hier vor mehr als 200 Jahren geschaffen. Die heute noch existierenden Grabmale sind steinerne Zeitzeugen, die zu einer spannenden Entdeckungsreise einladen.

Warum legte man um das Jahr 1800 Gräber mitten im Wald an, wo es doch sonst üblich war, die Toten auf dem örtlichen Kirchplatz zu bestatten? Es war die Not, die die Haller dazu trieb, auf den Wald auszuweichen. Denn durch die Bevölkerungszunahme in Preußen um 1750 stieg auch die Zahl der Toten; somit war der Leichenhof zu Beginn des 19. Jahrhunderts endgültig überfüllt. In Halle waren es zuerst nur wohlhabende Bürger, die sich Begräbnisstätten im Wald fernab der überfüllten Kirchhöfe leisten konnten. Während sich der gemeine Haller gegen einen andersartigen Begräbnisort sträubte, erwarben Kaufleute und Beamte, Apotheker und Ärzte Land am Berghang außerhalb der Stadt und richteten dort private Friedhöfe ein.

Für die weitere Erkundung der Umgebung vom Parkplatz aus empfiehlt sich der Rundweg »Haller Spuren« mit schöner Aussicht und interessanter Wegstrecke.

Noch heute sind einige der Grabmale erhalten. Sie kommen in den unterschiedlichsten Formen daher: als Pavillon oder als Kreuz, als Obelisk oder Pyramide, als Sarkophag oder einfach als Grabstein. Ihre Inschriften spiegeln den damaligen Zeitgeist wider. Sie inspirieren zu Gedankenreisen zu den Verstorbenen und den Hinterbliebenen – oftmals waren dies Ehemann und Kinder, deren Ehefrau beziehungsweise Mutter früh von ihnen gegangen war.

Ein kleiner Geschichtspfad mit Informationstafeln gibt Ihnen Orientierung rund um den Friedhof am Lotteberg sowie einen Einblick in die Schicksale der Verstorbenen und deren Familien. Auf der Internetseite www.haller-zeitraeume.de/geschichtspfade/geschichtspfad-waldbegraebnisse können Sie außerdem die berührenden Geschichten zu den Gräbern im Detail nachlesen.

Wanderparkplatz Drachenwiese · Grüner Weg · 33790 Halle (Westf.) · Weg laut Karte am Parkplatz

„Den einen Wassertropfen im Meer, der für einen bestimmt ist, den findet man nur einmal im Leben."
Hope Lehman
"The one drop of water in the sea that is meant for you, you only find it once in a lifetime."
Unter den Unterlagen, die nach ihrem Tod gesichtet wurden, befand sich ein Zettel mit einer handschriftlichen Notiz, die das nebenstehende Zitat enthielt. Das Zitat ist von der Ärztin Hope Bridges Adams Lehmann, die als erste Frau in Deutschland ein Medizinstudium mit dem Staatsexamen abschloss und sich einen bis dahin Männern vorbehaltenen Beruf erkämpfte. Auch Anja Niedringhaus erkämpfte sich ihre Position in einem Bereich, der bis heute als Domäne der Männer gilt. Sie schaffte es bis an die Spitze.

DEN ALLTAG IM KRIEG ZEIGEN

64

Aus dem kleinen ostwestfälischen Höxter an der Weser kam die Journalistin Anja Niedringhaus, die in Kriegsgebieten im Mittleren und Nahen Osten fotografierte. Die Bilderausstellung *The Power of Facts* in ihrer Heimatstadt ist eine Hommage an die Pulitzer-Preisträgerin.

Schon mit 26 Jahren reiste sie das erste Mal in den Osten, um das Kriegsgeschehen im ehemaligen Jugoslawien zu porträtieren. Seitdem zog es Anja Niedringhaus immer wieder in Krisengebiete. Dort begriff sie es als ihre Aufgabe und Pflicht, anhand ihrer Bilder Geschichten zu erzählen, die jenseits des unmittelbaren Kriegsgeschehens stattfanden. Sie erzählte von Menschen, die trotz all der widrigen Umstände um sie herum eine Art Alltag lebten, von deren Mut und Widerstandsfähigkeit. Von Menschen, die trotz Verwüstung und Zerstörung nicht aufgaben, sondern versuchten, ein Stück Normalität zu bewahren.

»Wenn ich es nicht fotografiere, wird es nicht bekannt«, so wird das Motto von Anja Niedringhaus zitiert. Ein Motto, das sie dazu brachte, trotz Angriffen durch Heckenschützen, trotz Frakturen und Verletzungen durch Granatsplitter immer wieder in Kriegsgebiete zu reisen.

Ein weiteres ihrer Zitate lautet: »Das Vermächtnis eines jeden Fotografen ist seine Fähigkeit, den Moment einzufangen, die Geschichte aufzuzeichnen. Für mich geht es darum, den Kampf und das Überleben des Einzelnen zu zeigen.« Anja Niedringhaus wurde im Jahr 2014 bei einem ihrer Einsätze in Afghanistan erschossen, doch ihr Vermächtnis ist geblieben: eindringliche Bilder, die ganze Geschichten erzählen.

Im Forum Anja Niedringhaus haben Sie nicht nur die Gelegenheit, den Weg der Fotojournalistin anhand ihrer Bilder und Nachrufe ihrer Weggefährten nachzuvollziehen, sondern Sie kommen auch dem Menschen Anja Niedringhaus näher: einer fröhlichen Person, die gerne lachte und mitreißend erzählte, und die zum Ausgleich ihrer fordernden Kriegsberichterstattung immer wieder große Sportereignisse fotografierte.

Forum Anja Niedringhaus · Westerbachstr. 33 · 37671 Höxter · www.forum-anja-niedringhaus.de · April–Nov. Di–So 10–17 Uhr · Haltestelle: HX1, HX3, HX4, R21, R22, R90

65 SPANNENDES AUS GLAS

Sie interessieren sich für Glas? Sie wollen wissen, was hinter der Marke Leonardo steckt? Und was eine Schusterlampe ist? Dann besuchen Sie doch das Glasmuseum in Bad Driburg. Denn dort erfahren Sie von Waldglashütten bis Glashandel alles über die örtliche Glasgeschichte.

Es war – wie so oft – die schlechte wirtschaftliche Lage, die einen neuen Erwerbszweig hervorbrachte. In Bad Driburg geschah dies im Jahr 1500, als die Fürstbischöfe auf die Idee kamen, die großen Waldflächen rund um Paderborn für die Glasherstellung zu nutzen. In Folge warb man Glasmacher an, die vor Ort Waldglashütten gründeten und dort mithilfe von Holz als Brennmaterial für die Schmelzöfen Glas herstellten.

Durch den Siegeszug der Kohle jedoch wurden die Waldglashütten unrentabel und verschwanden. Auch die später entstandenen Glasfabriken im Stadtgebiet gibt es heute nicht mehr; dennoch ist Bad Driburg nach wie vor einer der größten Glashandelsplätze Europas.

Kein Wunder also, dass es hier auch ein Glasmuseum gibt. Im historischen Heinz-Koch-Haus liegt es, einem der ersten Glasgroßhändler der Stadt. Hier können Sie auf drei Etagen alles lernen, erkunden und erfahren, was mit Glas zu tun hat: Fragen werden – wenn gewünscht – durch sachkundige Fachleute oder durch Info-Terminals beantwortet. Daneben sind es vor allem die Exponate, die die Glasgeschichte lebendig machen: außergewöhnliche Trinkgläser zum Beispiel, Glaskunst, historische Glasmacherwerkzeuge, Wasserflaschen oder medizinische und pharmazeutische Geräte aus Glas. Schmuckstücke des Museums sind außerdem ein Schützenpokal aus dem Jahr 1872 und die sogenannte Driburger Glasmacherfahne.

Auch bei Leonardo können Sie vorbeischauen, einer der bekanntesten Marken Bad Driburgs. Anhand von Bildern, Illustrationen und Exponaten läuft die spannende Geschichte des Glasgroßhändlers, dem Unternehmen Glaskoch, von den Anfängen bis hin zum heutigen Aushängeschild, dem Leonardo glass cube, wie ein Film vor Ihren Augen ab.

Glasmuseum · Schulstr. 7 · 33014 Bad Driburg · www.glasmuseum-bad-driburg.de · Sa, So 14–17 (Winter 14–16 Uhr) · Haltestelle: Vor der Brede Bus R76, S30, 431

ZUR POST
ANNO
1711

LIPPEGESCHICHTEN

66

Wie sich eine mittelalterliche Stadt entwickelt hat, lernen Sie exemplarisch im kleinen Museum von Burg Horn. Daneben gibt's ein wenig Burg- und Stadtgeschichte, alte Dokumente, Scheffelmaße und Gewichte, Exponate lokaler Künstler sowie eine außergewöhnliche Sammlung an repräsentativen Schwertern.

Zuerst mal geht es ganz nach oben in den Burgturm. Von hier haben Sie nämlich eine prima Aussicht in alle Himmelsrichtungen, können den Teuto sehen, aber auch die Wallanlagen, die Stadtbefestigung und den alten Stadtkern.

Eine Etage tiefer schlüpfen Sie am besten mal kurz auf die Galerie und werfen von oben einen Blick in den Rittersaal.

Im ersten Geschoss schließlich wartet das eigentliche Museum auf Ihren Besuch. Hier gibt es die Urkunde zur Stadtgründung im Jahr 1248 zu sehen, und Sie erfahren, wie früher das Wirtschaftsleben organisiert war. Wappenraten ist angesagt, wenn es um die einzelnen Zünfte geht: In Horn waren dies vor allem Bierbrauer und Metall verarbeitende Berufe. Schon früh kamen aber auch Sommerfrischler ins Spiel, die den Teutoburger Wald oder die Externsteine besuchten – früher wie heute ein beliebtes Urlaubsziel.

Reisen mussten auch die Arbeiter. Dafür gab es sogar in früheren Zeiten schon einen Reisepass. Im Jahr 1856 brauchte man ein solches Dokument bereits – wie das ausgestellte Exemplar belegt –, wenn es ins benachbarte Preußen ging. Statt eines Fotos enthielt der Pass allerdings Beschreibungen der Schuhgröße, der Augen-, Gesichts- und Haarfarbe, der Form der Augenbrauen, von Nase, Mund und Kinn. Als weitere Raritäten des kleinen Burgmuseums können Sie alte Scheffel- und Metzemaße von Horn bestaunen sowie ganze 15 Zweihandschwerter aus der Spätrenaissance, die jedoch nicht dem Kampf, sondern der Repräsentation dienten. Abgerundet wird Ihr Museumserlebnis durch mit großflächigen Porträts illustrierte Burggeschichte, die das Kapitel der Burg Horn im 17. Jahrhundert als letzter Witwensitz einer residierenden Vertreterin des Hauses Lippe veranschaulicht.

Burg Horn · Burgstr. 13 · 32895 Horn-Bad Meinberg · www.burgmuseum-horn.de · Öffnungszeiten laut Webseite · Haltestelle: Nordstraße Bus 780, 784

67 KIRCHE MIT BILDPROGRAMM

Die größten Entdeckungen passieren oft unverhofft. Bei der kleinen Saalkirche in Barntrup geschah dies bei der Renovierung des Gebäudes im Jahr 1954. Man stieß auf Wandmalereien und damit auf ein in Westfalen einzigartiges Bildprogramm aus der Reformationszeit. Genauer: In dem rechteckigen Gebäude mit quadratischem Westturm finden sich verteilt über die Gewölbe mehrere Bilderzyklen: im Langhaus die Leidensgeschichte Christi, an den Wänden des Kirchenschiffs Exempel zu den Zehn Geboten, im Zwickel des Chorgewölbes die Bitten des Vaterunser, über dem Scheitel des Chorbogens die Darstellung des kleinen Jüngsten Gerichts, und in der Turmhalle der Riese Goliath und die Opferung Isaaks. Auch für Nicht-Kunst-Kenner ein Erlebnis!

Evangelisch-reformierte Kirche Sonneborn · Hauptstr. 68 · 32683 Barntrup-Sonneberg · Haltestelle: Sonneborn Mitte Bus 809

68 OASE DER RUHE AM NATURDENKMAL

Sich auf einer Bank niederlassen und im Angesicht einer alten Wehrkirche etwas Ruhe einkehren lassen. Das können Sie in Reelkirchen, einem kleinen Ort nordöstlich von Bad Meinberg. Beim Spaziergang über den idyllischen Kirchhof begegnen Ihnen Grabsteine aus dem 19. Jahrhundert mit interessanten Inschriften. Dominiert wird die malerische Szenerie von der 1000-jährigen Linde neben der Kirche, einem beeindruckenden Baumriesen mit einem Umfang von rund acht Metern. Der Baum mit seinen ehemals sieben Armen galt früher als Symbol des Zusammenhalts der sieben zur Gemeinde gehörenden Dörfer; heute existieren nur noch drei waagerechte Äste.

1000-jährige Linde und Evangelische Kirche Reelkirchen · Mittelstr. 35 · 32825 Blomberg · April–Sept. 10–18 Uhr · Haltestelle: Diekmann Bus 772

EINE HOMMAGE AN DEN SACHSENHELDEN

69

Schon das Ortsschild macht seine Bedeutung klar: »Widukindstadt Enger« steht dort schwarz auf gelb. Denn der ehemalige Sachsenführer Widukind hat die Geschichte der Kleinstadt Enger geprägt wie kein zweiter. Nachspüren können Sie diesem Mythos in einem Museum gleichen Namens.

Es heißt, dass seine Gebeine in der Stiftskirche ruhen. Und genau das ist auch der Grund, warum Widukind für Enger eine solche Bedeutung hat. Der bekannte Widersacher Karls des Großen, der sich im 8. Jahrhundert an die zehn Jahre lang erfolgreich gegen seine Taufe wehrte, soll in der ostwestfälischen Kleinstadt begraben liegen.

> Kulturinteressierten bieten sich in Enger noch zwei weitere interessante Museen: Das Kleinbahnmuseum sowie das Gerbereimuseum am Originalstandort.

Da ist es nur natürlich, dass dem tapferen Sachsen hier auch ein Denkmal gesetzt wurde. In diesem Fall in Form eines besonderen Museums, das sich mit der Rezeptionsgeschichte Widukinds beschäftigt. Denn obwohl der Mythos und die Legendenbildung um den Lokalhelden groß sind, gibt es nur wenige gesicherte Erkenntnisse über sein Leben, sein Wirken und seinen Tod. Dies hat dazu geführt, dass Widukind im Verlauf der Epochen immer wieder für verschiedene Zwecke instrumentalisiert wurde.

Wie genau und wofür, darauf wirft das Museum einen besonderen Blick. Es entführt Sie in die Zeit der Sachsenkriege und der Christianisierung, es zeigt eine täuschend echt anmutende Grablege sowie Teile des bedeutenden Kirchenschatzes der Stiftskirche. Und Sie tauchen ein in das Leben von Königin Mathilde, einer Nachfahrin von Widukind und Stammmutter der Ottonen.

Im Widukind-Museum gehen Sie auf eine spannende Entdeckungsreise, die nicht nur exemplarisch zeigt, wie formbar Geschichte ist, sondern die gleichzeitig auch ein Stück Stadtgeschichte mit besonderen Traditionen abbildet. Wenn Sie mögen, können Sie außerdem im hauseigenen Labor Ihrem Forschergeist freien Lauf lassen und zur Lösung des Widukind-Knochenkrimis beitragen.

Widukind Museum Enger · Kirchplatz 10 · 32130 Enger · www.widukind-museum-enger.de · Di–Sa 15–18, So 11–18 Uhr · Haltestelle: Bahnhofstraße Bus 54, 465, 466, 647, 654

10 STICHWORT: SAKRALE KUNST

Ein ganzer Altar passt rein. Theoretisch. Von der Höhe her. Das war wichtig zu einer Zeit, als man bei Diedrichs & Knoche noch Altäre fertigte. Heute ist in dem alten Werkstattgebäude ein Museum untergebracht, das die einzigartige Rolle Wiedenbrücks zu Zeiten des Historismus widerspiegelt.

Franz Anton Goldkuhle war es, der die Sache mit der Wiedenbrücker Schule Mitte des 19. Jahrhunderts ins Rollen brachte. Er galt als geschickter Holzschnitzer und führte den Hochaltar für die Wiedenbrücker Franziskanerkirche aus. Das brachte ihm Folgeaufträge, und in den 1860er-Jahren spezialisierte sich der gelernte Kunsttischler auf die Herstellung von sakralen Inneneinrichtungen. Sein Geschäft lief so erfolgreich, dass er bald über 20 Mitarbeiter beschäftigen konnte. Diese wiederum eröffneten wegen der hohen Nachfrage nach sakralem Kunsthandwerk zum Teil eigene Werkstätten. Zu Hochzeiten des Historismus gab es über 30 Betriebe in Wiedenbrück und Rheda, die herausragende Qualität lieferten.

> Eine Kabinettausstellung im obersten Stock des Museums ist Luise Hensel, der *Verfasserin* des *Abendgebets*, gewidmet: »Müde bin ich, geh zur Ruh, schließe meine Augen zu.«

Und um genau diese Werkstätten geht es im Museum Wiedenbrücker Schule. Viele von ihnen können Sie an einzelnen Stationen kennenlernen und ihre Geschichten nachverfolgen anhand von Originalexponaten wie alten Kassen- oder Auftragsbüchern. Daneben finden Sie jede Menge praktisches Anschauungsmaterial zum Thema sakrale Kirchenkunst: In der alten Werkstatt von Diedrichs & Knoche lassen sich nicht nur geschnitzte Altarreliefs bewundern, sondern auch Bildhauerkunst; die Exponate reichen von Skulpturen über Altarentwürfe bis hin zu mit Stoff gestalteten Pietàs.

Und auch draußen erhält man einen guten Eindruck der Wiedenbrücker Schule: Das der Werkstatt vorgelagerte Wohnhaus ist reich verziert.

Wiedenbrücker Schule · Museum für Kunst- und Stadtgeschichte · Hoetger-Gasse 1 · Rietberger Str. 6 · 33378 Rheda-Wiedenbrück · www.wiedenbruecker-schule.de · Mi 15–18, Do, Sa, So 15–17 Uhr · Haltestelle: Rietberger Tor Bus 76

WALLFAHRTSORT IM WALD

71

Es ist eine Geschichte von Eremiten, die Klus Eddesen bei Borgholz erzählt. Und dass sich hierher Generationen von Einsiedlern zurückzogen, glaubt man aufs Wort, wenn man an diesem versteckten, etwas mystischen Ort mitten im Wald steht. Ein Ort, um den sich auch viele Mythen und Sagen ranken.

Eine davon handelt von dem angeblich silbrig und golden schimmernden Wasser des Brunnens neben der ehemaligen Pfarrkirche, dort, wo heute die Kapelle steht. Während der Soester Fehde im Mittelalter, so heißt es, seien Dorf und Kirche von Eddesen durch hussitische Söldner angegriffen worden. Der Pfarrer und die Dorfbewohner sorgten sich um die Kirchenschätze, denn wenn die Söldner diese fänden, wären sie verloren. Sie ersannen eine List: Der Pfarrer versenkte die sakralen Gegenstände aus Gold und Silber im Brunnen neben der Kirche, und eine Dorfbewohnerin goss einen Eimer Milch hinein, um das Wasser zu trüben. Dadurch blieben die Schätze unentdeckt und konnten nach Abzug der Truppen geborgen werden. Seitdem, so sagt man, habe das durch die Berührung mit den Gefäßen geheiligte Wasser einen silbrigen bis goldenen Glanz.

Ob das Wasser tatsächlich besonders schimmert, können Sie heute nicht mehr nachprüfen – der Brunnen wurde zwar restauriert, dann aber überbaut. Doch auch ohne den legendenhaften Touch verströmt der Ort eine ganz besondere Atmosphäre: Nicht ohne Grund sind seit dem 17. Jahrhundert Klausner bezeugt, die hier – inmitten eines Kranzes von 14 Wallfahrtsstationen – in Einsamkeit und Stille ihr Heil suchten. Und bis heute ist die Klus mehrmals im Jahr Ziel von Prozessionen und Wallfahrten.

Ihre ganz persönliche Prozession können Sie zum Kreuzhügel machen, der in Anlehnung an eine bekannte litauische Pilgerstätte »Der Berg der Kreuze«, in der Coronazeit 2020 von Ministranten der Gemeinde Borgholz angelegt wurde. Der kleine Hügel, auf dem Besucher der Klus verschiedenartige Kreuze aufgestellt haben, befindet sich rechts hinter der Kapelle direkt neben dem Brunnen.

Klus Eddessen · Klus Eddessen 1 · 34434 Borgentreich · www.pr-boerde-egge.de/klus-eddessen

72 VIELFÄLTIGES BURGLEBEN

Seit Jahrhunderten ist die viereckige Burg, die auf dem rund 300 Meter hohen Dringenberg thront, Wahrzeichen und Silhouette der Stadt. Doch auch von innen beeindruckt das imposante Bauwerk mit Turm, Wehrmauer und Burggraben. Lassen Sie sich überraschen!

Sie müssen nur über die Brücke gehen, die über den breiten Burggraben führt. Schon gelangen Sie in den Innenhof der Burg Dringenberg, einer Burg, deren Bau im 14. Jahrhundert begonnen wurde, die ihr Aussehen jedoch ständig veränderte. Nachdem sie ursprünglich als Sommerresidenz der Paderborner Bischöfe gedient hatte, war die Burg lange Zeit Verwaltungssitz. Heute wird das Wahrzeichen des Ortes Dringenberg sowohl als Wohnobjekt als auch von den örtlichen Vereinen genutzt. Den Westflügel jedoch können auch Sie als Besucher anschauen, denn hier beherbergt die Burg ein Museum, in dem verschiedene Räume Zeugnis von der Vergangenheit ablegen.

So unternehmen Sie zum Beispiel einen Ausflug in das letzte Jahrhundert und inspizieren eine Wohnung aus der Gründerzeit sowie eine alte Amtsstube. Sie betreten den Tante-Martha-Laden, der nach dem letzten, bis 1985 von Martha Rose betriebenen Einzelhandel im Ort benannt wurde. Bei Ihrem gemütlichen Rundgang stoßen Sie außerdem auf eine Sattler-, eine Schuster- sowie eine Drechslerwerkstatt und lernen, wie man früher in der Gegend Glas herstellte.

Im Obergeschoss machen Sie einen naturkundlichen Ausflug in die Wälder Bad Driburgs; dicke Baumstämme finden Sie hier, aber auch einen interaktiven Schaukasten, wo Bäume gefällt, gerückt, transportiert und im Sägewerk weiterverarbeitet werden können.

Nicht entgehen lassen sollten Sie sich die interessanten Wechselausstellungen, die regelmäßig in den ehemaligen Rittersälen zu finden sind, sowie einen spannenden Rundgang durch die wiederhergestellten Gewölbekeller mit meterdicken Wänden unter dem Südflügel. Ein weiteres Must-see ist der alte Ziehbrunnen gleich am Eingang, der per Hand gegraben wurde.

Burg Dringenberg · Burgstr. 33 · 33014 Bad Driburg-Dringenberg · www.dringenberg.de · April–Okt. Fr, Sa 14–17, So 11–17.30 Uhr · Haltestelle: Burg Bus R31, 432

füllt mit Linnen schwer
schon in alten

BÄUERLICHE TRADITIONEN

13

Unter die Haube kommen – das ist im Museumshof in Rahden möglich, aber auch Nichtheiratswillige können in die Welt der Mützen und Trachten eintauchen. Neben interessanten Details zu diesen scheinbar verstaubten Relikten lernen Sie außerdem ein altes Bauerngehöft mit »allem Drum und Dran« kennen.

Natürlich sind Textilien ein Thema. In einer Region, in der früher viel Flachs angebaut wurde, spann und webte man die Fasern zu Stoffen. Das hatte Tradition. Dieser Tradition ist im Museumshof in Rahden ein ganzes Haus, das Lütke Hus, gewidmet. Hier werden Sie in die verschiedenen Stadien der Flachsverarbeitung eingeführt und können auch gleich die Produkte in Form von bäuerlicher Kleidung und Tüchern bestaunen.

Doch nur Textilien – das wäre zu kurz gedacht. Schließlich soll der Museumshof ein vollständiges Bauerngehöft aus dem 19. Jahrhundert abbilden. Darum finden Sie auf einem kleinen Rundgang über das Museumsgelände verschiedene Gebäude, die von Höfen aus der Umgebung zusammengetragen wurden: Es gibt einen alten Speicher, eine Wagenremise und dann natürlich das Haupthaus. Dort wohnte man nicht nur, sondern darin waren auch Stallungen untergebracht, auf dessen lehmgestampfter Deele wurde gearbeitet und gekocht. Dem früheren bäuerlichen Leben kommen Sie natürlich auch mithilfe der vielen Exponate auf die Spur: Geräte des ländlichen Handwerks finden sich hier ebenso wie Kochutensilien oder Erntemaschinen.

Auf einem Bauerngehöft durfte früher natürlich auch ein Backhaus nicht fehlen, das hiesige wird an Aktionstagen mit bis zu 25 Broten bestückt. Begehen können Sie auch eine alte Rossmühle, in der mittels einer Pferdestärke einst Schrot gemahlen und Flachs gebrochen wurde. Haben Sie allen Gebäuden einen Besuch abgestattet, sollten Sie sich auf dem Außengelände noch ein bisschen umsehen, einen kurzen Abstecher beim Bauerngarten und der Streuobstwiese machen, und auf einem kleinen Feld Anbaupflanzen wie Flachs und Kartoffeln, Schwarzhafer, Runkeln und Tabak anschauen.

Museumshof Rahden · Museumshof 1 · 32369 Rahden · www.museumshof-rahden.de · Frühjahr/Sommer Di–Sa 13–18, So 10–18 Uhr · Haltestelle: Museumshof Bus 501, 605

14 DER HELD HINTER HERMANN

Hermann der Cherusker ist die Symbolfigur von Ostwestfalen-Lippe. Nicht umsonst wurde ihm im Teutoburger Wald ein monumentales Denkmal gesetzt. Doch neben der Geschichte des heldenhaften Kriegers wird im Lippischen Landesmuseum auch diejenige seines Erbauers erzählt, von Ernst von Bandel.

Ein über 53 Meter hohes Kolossalmonument über den Baumkronen auf einem Berg. Ein über 26 Meter hohes Standbild aus Kupferplatten: In Summe ist dies Arminius, der seit fast 150 Jahren sein Schwert gen Himmel reckt und scheinbar unverwüstlich Wind und Wetter trotzt. Rein statisch gesehen ist das Hermannsdenkmal eine Meisterleistung. Eine Konstruktion, die nicht nur von außen beeindruckt, sondern dessen eigentliche Stärke im Innenleben liegt, denn dieses zeugt von bemerkenswerter Ingenieurskunst. Ernst von Bandel, der das Denkmal konzipierte, konstruierte und letztendlich auch baute, wandte hier ein neues Verfahren an, das dem Bauwerk verlässliche Standfestigkeit bescherte. Denn das Denkmal sollte nicht nur 1000 Jahre, sondern ewig halten. Um dies zu gewährleisten, verwendete er ein Gerüst aus Röhren, die mit Nieten zusammengefügt wurden. Dieses innere Gestell wurde dann später mit den von außen sichtbaren Kupferplatten verkleidet. Eine Konstruktion, die so standfest ist, dass sie – selbst aus heutiger Sicht – Windgeschwindigkeiten von über 400 Stundenkilometer aushalten würde.

Bei Baumeisterführungen am Hermannsdenkmal genießen Sie exklusive Einblicke in das Innere des Denkmals und das untere Ende der Haltekonstruktion.

Das Innengestell im Modell können Sie im Lippischen Landesmuseum anschauen; hier erfahren Sie außerdem viel über den Konstrukteur Ernst von Bandel. Nicht nur, dass er sein ganzes Vermögen in das Denkmal investierte und auf seinen Lohn verzichtete; er widmete auch fast 40 Jahre seines Lebens dem Erbauen des Kolossalmonuments. Teilweise lebte er sogar auf der Baustelle am Denkmal in der sogenannten Bandel-Hütte.

Lippisches Landesmuseum Detmold · Ameide 4 · 32756 Detmold · www.lippisches-landesmuseum.de · Di–Fr 10–18, Sa, So 11–18 Uhr · Haltestelle: Landesmuseum diverse Busse

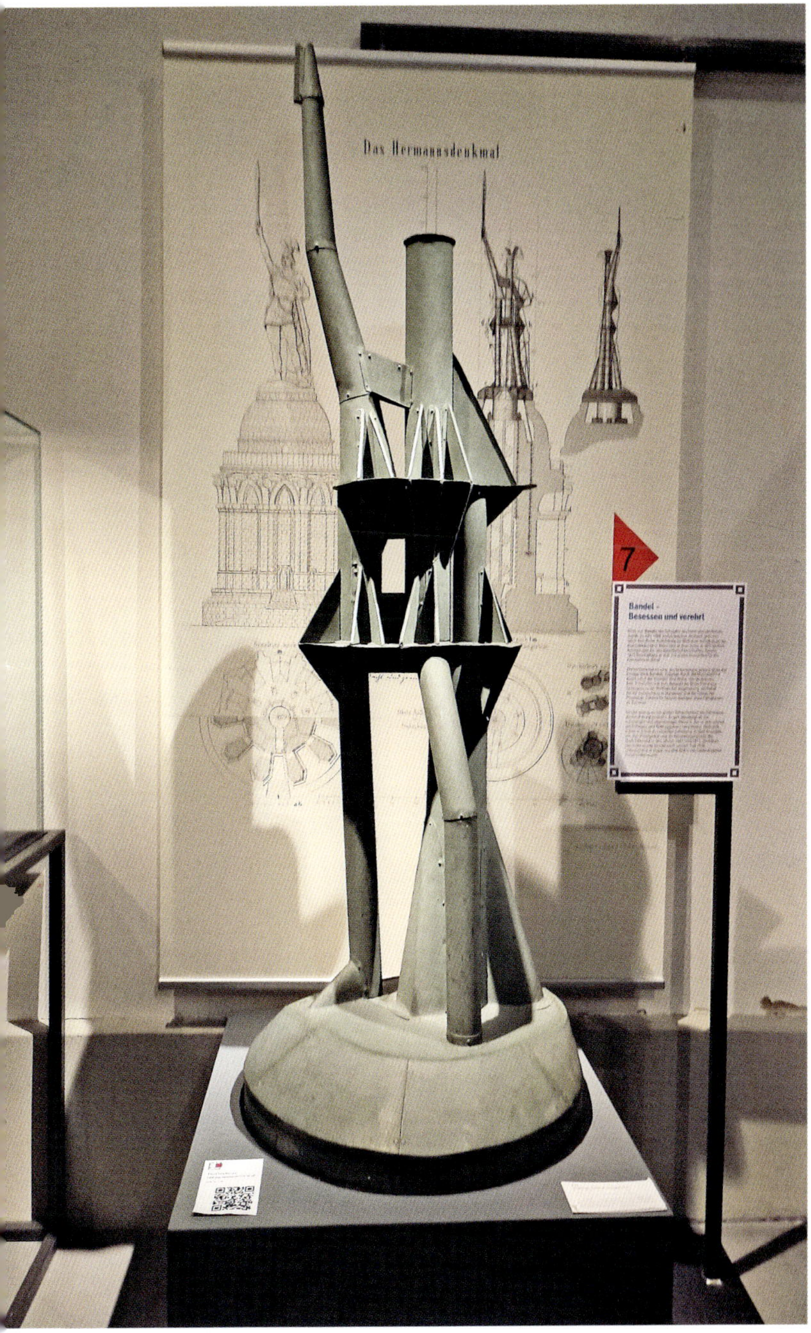
Das Hermannsdenkmal
7
Bandel –
Besessen und verehrt

PADER
BORN

EINMALIGE SPRÜHKUNST

75

Manche bezeichnen sie als die Graffiti-Metropole von NRW. Denn neben einem imposanten Dom und einem besonderen Fluss hat Paderborn auch jede Menge spektakuläre Kunstwerke an Mauern, Fassaden und Unterführungen zu bieten. Grund genug, um sich auf den Weg zu machen und diese per App zu erkunden.

Sie wollten eine Stadt schon immer mal auf ungewöhnliche Art und Weise kennenlernen? Das geht in Paderborn mit einem digitalen Graffiti-Rundgang, auf dem Sie an zwölf Stationen per App ungewöhnliche Kunstwerke der Outdoor-Sprüh- und Malszene erkunden. Ob an Bahnschienen oder an der Klostermauer, an einem alten Transformatorhäuschen oder großflächig an einer Häuserwand, ob alter Mann, Kuh, Engel oder riesige Schriftzüge – sowohl die Motive als auch die Gestaltung der Graffitis sind vielfältig.

Sind Sie in der Gruppe unterwegs, erläutert Ihnen auch gern ein Kenner der Szene die Bedeutung der Graffitis aus erster Hand.

Das Prozedere der selbstgeführten Tour ist recht einfach: Durch die Navigation der App lassen Sie sich an die jeweiligen Stationen der Kunstwerke leiten. Vor Ort können Sie dann je nach Lust und Laune jede Menge Hintergrundinfos zu den einzelnen Künstlerinnen und Künstlern der Graffitis aufrufen, sich aber auch zu Techniken und Entstehungsgeschichte der gesprühten Kunstwerke informieren sowie zu problematischen Aspekten der Kunst im öffentlichen Raum. Und so ganz nebenbei tauchen Sie ein in den Jargon der Szene, lernen den Unterschied zwischen Graffiti und Streetart, und wissen mit Begriffen wie Tags, Murals und Pieces sicher umzugehen.

Positiver Nebeneffekt: Auf dem rund 2,5 Kilometer langen Rundgang durch Paderborn passieren Sie automatisch Sehenswürdigkeiten wie Dom, Rathaus, Kaiserpfalz und das Paderquellgebiet. Die Sightseeing/Graffititour endet in den Paderauen, wo der sogenannte Graffiti-Stern auch heute noch eine legale Fläche für Sprühkünstler bietet.

Graffiti-Tour Paderborn ·
Link abzurufen über Graffiti-Rundgänge durch die Paderborner Stadt – Partyborn

16 GROSSES SCHAUSPIEL

Wenn Sie einen besonderen Kulturort suchen, finden Sie diesen in Gütersloh auf dem Hans-Werner-Henze-Platz. Dort steht ein futuristisches Bauwerk, das so gar nicht in die ostwestfälische Provinz zu passen scheint. Dahinter steckt jedoch eine ausgeklügelte Konstruktion, die neugierig macht.

Alles außer gewöhnlich – so könnte man das Gebäude des Theaters Gütersloh auch bezeichnen. Das fängt bei der Architektur an, die ein bisschen an Bauhaus erinnert. Und setzt sich fort in dem außergewöhnlichen »vertikalen Theater«. Hierbei sind auf einer Grundfläche von über 2000 Quadratmetern und in einer Höhe von 24 Metern verschiedene Funktionsbereiche übereinander angeordnet – eine bisher einzigartige architektonische Lösung in Europa.

Bei einer kurzweiligen Führung durchs Haus haben Sie Gelegenheit, alle Bereiche des Theaters von der Kulisse bis zum Technikraum kennenzulernen.

Und auch die etwa 1000 Quadratmeter große Glasfassade auf der Südseite zur Stadt ist nicht das, was man gemeinhin mit einem Theater in Verbindung bringt. Nicht nur bricht sie den geschlossenen Charakter des Bauwerks auf, sie ermöglicht auch einen Blick ins Theater hinein: Hier ist alles offen und transparent; Wände, Decken und Böden erstrahlen in Weiß. Denn nach der Vorstellung des Architekten sind es die Besucher, die Farbe ins Theater bringen sollen. Im Inneren stoßen Sie auch noch auf weitere besondere Details: Im Foyer gibt es Säulen, die wie Mikadostäbe aussehen. Daneben beginnt hier unten eine faszinierende Treppenschnecke, die sich in eleganten Schwüngen nach oben schraubt – Labyrinth und Flaniermeile zugleich.

Oben in der fünften Etage betreten Sie die Skylobby über den Dächern von Gütersloh. Eine futuristische Bar, auch sie in Weiß gehalten. Doch was wäre ein Theater ohne Zuschauerraum? Dieser sorgt dann für einen unerwarteten Kontrast: Statt das Motto Weiß fortzuführen, ist der Raum überwiegend in Schwarz gehalten und mit 530 rot bezogenen Sitzplätzen ausgestattet.

Theater Gütersloh · Hans-Werner-Henze-Platz 1 · 33330 Gütersloh · www.theater-gt.de · Vorstellungen und Führungen laut Webseite · Haltestelle: Stadthalle/Theater Bus 71, 208

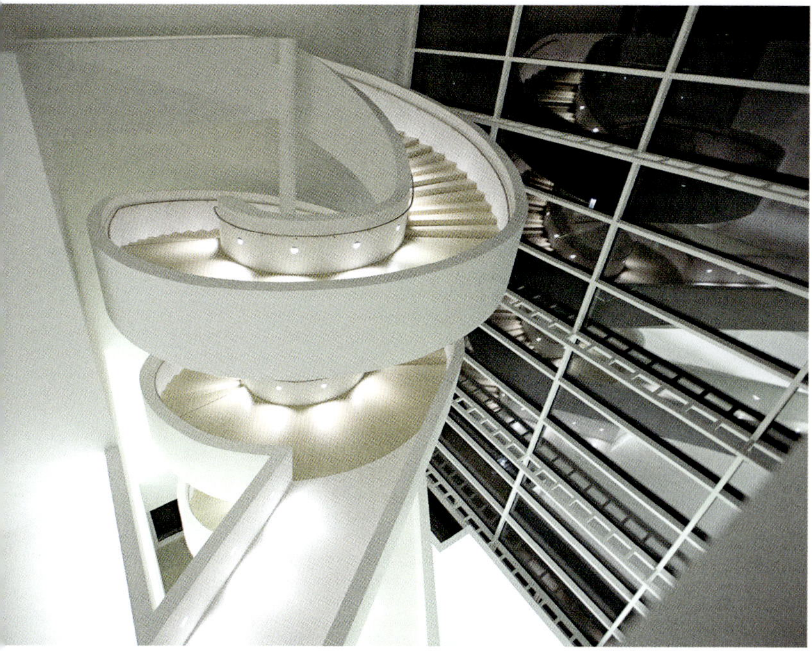

EINMAL LEICHTE KAVALLERIE, BITTE!

77

Uniformen und Waffen sind nicht jedermanns Sache. Trotzdem lohnt es sich, einen Blick in das kleine Husarenmuseum auf Schloss Rheder zu werfen, denn über die besonderen Exponate hinaus führt Museumsleiter Uwe Cassel Sie exklusiv durch ein interessantes Stück Militärgeschichte.

Adolf Freiherr Spiegel von und zu Peckelsheim hatte ein bewegtes Leben mit einem besonderen Auftrag: Der langjährige Besitzer von Schloss Rheder war Rittmeister des preußischen Husarenregiments Nr. 8 Zar Nikolaus II, und in dieser Funktion nahm er auch am Ersten Weltkrieg teil.

Die Zugehörigkeit des ehemaligen Schlossherrn zu diesem besonderen Regiment der leichten Kavallerie nahm man im Jahr 2003 zum Anlass, um in der Vorburg von Schloss Rheder ein Husarenmuseum zu eröffnen. Dort erwarten Sie aber nicht nur die Hinterlassenschaften des Freiherrn Spiegel von und zu Peckelsheim sowie des Husarenregiments Nr. 8, sondern in den Vitrinen finden sich auch Originalstücke anderer Husarenregimenter aus der Kaiserzeit sowie dem 18. und 19. Jahrhundert, ferner Anschauungsmaterial zu weiteren Regimentern des Armeecorps wie Kürassieren und Ulanen.

Schwerpunkt jedoch sind die Husaren, dabei insbesondere die blauen, die in Paderborn und Schloss Neuhaus stationiert waren. Für Uwe Cassel ist es zum einen besonders wichtig, deren Geschichte wertfrei darzustellen, zum anderen, die dazugehörige Kunst- und Kulturgeschichte mit einzubeziehen. Darum können Sie im Museum nicht nur einzigartige Uniformen und Ausrüstungsgegenstände der Kavallerieregimenter anschauen. Anhand von vielen weiteren Exponaten, Erinnerungsstücken und Gebrauchsgegenständen aus der Husarenzeit erläutert der Museumsleiter Ihnen kurzweilig und sachkundig weltgeschichtliche Zusammenhänge, klärt über den weitreichenden Einfluss der Husaren für Musik und Reiterei auf, und weist auf deren gesellschaftliche Bedeutung hin. Es erwartet Sie also ein interessanter Museumsbesuch, bei dem Sie mehr lernen, als Sie vorher vermutet haben.

Husarenmuseum Schloß Rheder · Nethetalstr. 24 · 33034 Brakel · www.husarenmuseum.de · Mai–Sept. So 14–18 Uhr, ganzjährig nach Vereinbarung

18 DER BLICK NACH HESSEN

»Diemel-Skywalk« wird sie scherzhaft genannt: die elf Meter lange, frei schwebende Hängebrücke zum Chattenturm in Warburg nebst Aussichtsplattform. Vielleicht etwas übertrieben, aber auf dem ehemaligen Wehrturm hoch über der Diemelaue fühlt man sich dem Himmel tatsächlich ein Stück weit näher.

Auch wenn Sie nicht explizit wegen bestimmter Sehenswürdigkeiten herkommen, ist Warburg einen Besuch wert. Die alte Hansestadt, auch das »Rothenburg Westfalens« genannt, punktet nicht nur mit einer größtenteils noch intakten mittelalterlichen Stadtbefestigung, sondern die idyllische Stadt an der Diemel besticht auch durch einen wunderschönen Stadtkern mit vielen restaurierten Stein- und Fachwerkhäusern. Und dann wäre da ja auch noch das besondere Rathaus, das einst sowohl für die Altstadt in der Diemelaue als auch für die Neustadt auf dem Bergrücken zuständig war und das auch heute noch die beiden Stadtteile verbindet.

Wenn Sie sich an der wunderbaren Weitsicht satt gesehen haben, lohnt ein kurzer Abstecher zum nahe gelegenen jüdischen Friedhof.

Möchten Sie diese einzigartige Stadt jedoch von einer besonderen Warte aus kennlernen, erklimmen Sie am besten den Burgberg. Über einen schönen Kreuzweg gelangen Sie zur Erasmuskapelle, die von der einstigen Existenz einer Burg auf dieser Anhöhe zeugt. Doch einzig die Krypta der Burgkapelle überstand die Jahrhunderte, wurde aber im 17. Jahrhundert von der Kapelle des heiligen Erasmus überbaut.

Von der Kapelle aus flanieren Sie ein Stück über den Burgfriedhof. Hier können Sie nicht nur in wohltuender Stille die exponierte Lage des Friedhofs genießen; die kleinen Wege geleiten Sie auch geradewegs zu einem der spektakulärsten Panoramablicke Warburgs, zum Chattenturm. Von der Aussichtsplattform auf dem Dach des ehemaligen Wehrturms haben Sie dann einen weiten Blick über die Stadt und über das Diemeltal bis in die hessischen Berge. Aus diesem Grund wurde der Turm wahrscheinlich auch nach dem in Hessen lebenden germanischen Volksstamm, den Chatten, benannt.

Chattenturm · An der Burg 13 · 34414 Warburg · tagsüber frei zugänglich

HEUTE WILL ICH AKTIV SEIN!

79 Phänomenale Fernsicht S. 153
80 Picknick am Fluss S. 154
81 Kurz durch die Welt S. 157
82 Flanieren an der Weser S. 158
83 Fotorallye im Schlosspark S. 161
84 Freiheit für die Füße S. 162
85 Großartige Klapperkonzerte S. 162
86 Planschen bis zum Abwinken S. 165
87 Burgbergblicke S. 166
88 Entspannungs-Kick im Grünen S. 169
89 Auf den Spuren des Sachsenlagers S. 170
90 Garten mit Flair S. 173
91 Auf zur Wiege Lippes S. 174
92 Spazieren rund um die Burg S. 177
93 Turmgeflüster S. 178
94 Kleiner Zwischenstopp S. 181
95 Sandige Senne S. 181
96 Kloster, Kirche, Kunst S. 182
97 Mikrokosmen hinter Glas S. 185
98 Im Alltäglichen das Besondere sehen S. 186
99 Mehr als ein Biker-Treff S. 189
100 Klosterfeeling mal zwischendurch S. 190

PHÄNOMENALE FERNSICHT

79

In der Regel besucht man das bekannte Kaiser-Wilhelm-Denkmal auf dem Wittekindsberg und blickt hinüber zum Fernmeldeturm auf dem Jakobsberg. Eine völlig neue Perspektive ergibt sich jedoch, wenn Sie auf eben jenem Fernmeldeturm stehen und Ihre Blicke über Wiehen- und Wesergebirge schweifen lassen.

Die Verbreitung von Rundfunk und Fernsehen sicherstellen. Das war die ursprüngliche Aufgabe des FMT2/73 – so die Typbezeichnung des Fernmeldeturms Jakobsberg. Früher stand hier ein hölzerner Aussichtsturm, dann eine Bismarcksäule. Als die Deutsche Bundespost diese Säule im Jahr 1952 kaufte, verpflichtete sie sich dazu, eine Aussichtsplattform zu errichten und einen Bismarck-Gedenkraum einzurichten. Welch ein Glück! Denn diese Aussichtsplattform existiert auch heute noch, und von hier aus genießen Sie aus einer Höhe von etwa 25 Metern einen faszinierenden 360°-Blick über die umliegenden Mittelgebirge und das Wesertal.

Ihren Snack können Sie an einem der Picknicktische zu sich nehmen oder auf der Holzliege neben dem Turm die Füße hochlegen und entspannen. Ausblick ins Grüne garantiert!

Haben Sie sich satt gesehen an den grünen Hügeln, an Wiesen und Feldern sowie an dem glitzernden Band der Weser, wartet unten am Turm eine weitere Besonderheit. Wenn Sie sich für die alte Geschichte des Turms interessieren, schlüpfen Sie doch kurz mal in den Bismarck-Gedenkraum. Hier wird durch besondere Exponate wie ein künstlerisch gestaltetes Bronze-Relief des Reichskanzlers Otto von Bismarck sowie eine kleine Ausstellung eine Art Blitzlicht auf das Wirken und Tun des ehemaligen Staatsmannes geworfen. Der Initiative des örtlichen Bismarck-Bundes ist es zu verdanken, dass dieser Gedenkraum liebevoll instand gehalten wird. Der Bismarck-Bund sorgt auch dafür, dass Sie vor Ort nicht hungern und dürsten müssen: Im Frühling und Sommer betreibt der Verein am Wochenende einen kleinen Kiosk mit Bratwurst und Bier, Kaffee und Kuchen, Eis und kühlen Getränken.

Fernmeldeturm Jakobsberg · Jakobsberg 2 · 32457 Porta Westfalica · www.bismarckbund-porta.de · saisonale Öffnungszeiten laut Webseite

80 PICKNICK AM FLUSS

Was gibt es Schöneres als am Ufer eines kleinen Flusses zu sitzen, zu picknicken und die wunderschöne Natur zu genießen? Genau dazu lädt die Heerser Mühle in Bad Salzuflen ein. Im Mühlencafé vor Ort können Sie einen reichhaltig bestückten Korb mit Leckereien bestellen und sich selbst verwöhnen.

Der Betreiberin des Mühlencafés Sabine Gebel kam die Idee zum Picknick-Service, als sie immer wieder Besucher abweisen musste, die im Café keinen Platz mehr fanden. Warum also diese Gäste nicht aushäusig versorgen? Ein Konzept, das sich mittlerweile gut etabliert hat: »Teilweise holen die Leute die Picknickkörbe auch ab und verzehren sie anderswo«, weiß Frau Gebel. Was für die Qualität des Picknickkorbes spricht: Darin enthalten sind Kalt- und Warmgetränke nach Wunsch, eine Stulle, Kuchen, Salat sowie ein besonderes Leckerchen …, also alles, was man sich für so einen Anlass wünschen kann.

Der Picknickkorb wird zwei Tage vorher bestellt und zum Wunschtermin im Café abgeholt. Das Besondere: Bis auf Strohhalm und Serviette ist der Korb vollkommen nachhaltig ausgestattet mit Weckgläsern und wiederverwendbaren Bechern und Besteck. Mit dem Korb geht's los auf das Gelände der Heerser Mühle. Schon auf dem Weg zum Eingang haben Sie den riesigen Weidendom passiert; nun gilt es, den Rest des weitläufigen, an die 30 Hektar großen Terrains des Umweltzentrums zu erkunden.

Ein Übersichtsplan am Seminargebäude zeigt, was das abwechslungsreiche Areal zu bieten hat: An Tieren sind dies vor allem bedrohte regionale Haustierrassen, Wildbienen, Frösche und Teichmolche. Daneben unterschiedlich gestaltete Themengärten mit Apotheker- oder Färberpflanzen, ein terrassenförmig angelegter Steingarten sowie ein Recycling-Garten mit verschiedenen Skulpturen, Weidengänge, Spielareale und eine Naturbühne.

Besonders das lauschige Werreufer lädt natürlich dazu ein, sich dort niederzulassen und den Inhalt des Picknickkorbs zu genießen.

Umweltzentrum Heerser Mühle e.V. · Heerser Mühle 1-3 · 32107 Bad Salzuflen · www.muehlencafe-bad-salzuflen.de ·
Mühlencafé: Di, Do 9.30–12, Sa 14–17, So 10–17 Uhr · Haltestelle: Heerser Mühle Bus 349, 350

Guten Appetit
Chutney
Stullen
Tomaten + Mozzarella
Erdbeeren
Zitronenkuchen
Holunder/Steinbeer-
Schorle

KURZ DURCH DIE WELT 81

Mal eben rüber nach Südeuropa oder gar nach Südamerika und Afrika. Dazu müssen Sie gar nicht weit weg, denn fremde Welten können Sie auch im Nordwesten des Mühlenkreises Minden-Lübbecke erleben. Dort warten die Gärten der Sinne von Rila darauf, von Ihnen entdeckt zu werden.

Eine chilenische Indiokirche, ein japanisches Teehäuschen, eine griechische Kapelle und ein Beduinenzelt – das erwartet man nicht im äußersten Zipfel von Ostwestfalen-Lippe. Doch für das Unternehmen Rila war es nur eine logische Konsequenz, neben ihrem Warensortiment, das Feinkost aus aller Welt umfasst, passende Erlebniswelten zu kreieren.

Schon immer hatten Firmengründer Helmut Richter und seine Frau Ursula gute Ideen. So gründeten sie in den 1960er-Jahren zuerst ein Transportunternehmen, das griechische Oliven und Schafskäse nach Deutschland brachte, später dann ein Importgeschäft für mediterrane Waren.

Daraus hat sich mittlerweile ein solides, mittelständisches Unternehmen entwickelt, das unter anderem Filialen in Chile und in Griechenland betreibt und in Stemwede über tausend Produkte aus aller Welt präsentiert.

Ein Gefühl für die Herkunft der landestypischen Produkte bekommen Sie in den Gärten der Sinne – so nennt sich das über 20 000 Quadratmeter große Außengelände, in dem Sie durch ein namibisches Dorf mit Himba-Hütten und lebensgroßen Giraffen laufen, wo ein minimalistischer Garten des Altiplano am Weg liegt oder maurisch anmutende Bauwerke; wo Sie durch einen Hochzeitsgarten und eine schöne Parklandschaft mit Wassergarten spazieren.

Die Gärten der Sinne sind Teil der Feinkost-Welt »Rila erleben«, die dazu einlädt, auch kulinarisch um die Welt zu reisen: bei Themenabenden mit Tapas oder irischem Kilkenny, mit italienischen Antipasti oder mit französischen Speisen. Zusätzliches Flair verbreiten Räumlichkeiten wie der urige Gewölbekeller, das kreisrunde Restaurant Rotondo oder die mediterrane Taverne, wo Sie noch einmal Ihrem letzten Sommerurlaub nachspüren können.

Rila erleben · An den Rila-Gärten 2/Hinterm Teich 9 · 32351 Stemwede-Levern · www.rila-erleben.de · Öffnungszeiten laut Webseite

82 FLANIEREN AN DER WESER

Höxter hat viel zu bieten. Zum einen wäre da das Weltkulturerbe Schloss Corvey, zum anderen die schmucke Altstadt mit einzigartigen Gebäuden der Weserrenaissance. Seit der Landesgartenschau 2023 ist noch ein weiteres Highlight dazugekommen: die Weserpromenade am Fluss.

Nicht jede Stadt kann mit Fluss und Bergen punkten, Höxter schon. Die kleine Stadt im äußersten Südosten von Ostwestfalen-Lippe liegt direkt an der Weser, andererseits an den Ausläufern des hügeligen Weserberglands. Ein abwechslungsreiches Landschaftsbild ist also garantiert.

Aber Berge – selbst wenn klein und überschaubar – sind anstrengend, und eigentlich wollten Sie auch nicht wirklich wandern gehen, sondern nur ein bisschen spazieren, die Seele baumeln lassen? Auch das geht. Dafür promenieren Sie am besten ein Stück an der Weser entlang.

Die Weserpromenade wurde anlässlich der Landesgartenschau im Jahr 2023 neu angelegt und verlockt nicht nur dazu, dem Lauf des Flusses zu folgen, sondern auch die mit 70 Metern längste Sitzbank in NRW Platz auszuprobieren. Oder Sie lassen sich auf einem Gartenstuhl inmitten einer Gruppe von Alltagsmenschen der Betonkünstlerin Christel Lechner nieder, legen die Beine hoch und blicken in den Himmel. Wahlweise nehmen Sie auf einem schwarzen Betonsofa neben zwei älteren Herren Platz oder Rücken an Rücken mit den beiden Herren, mit Blick aufs Wasser.

Wenn Sie das Fluss-Feeling flanierenderweise noch mehr auskosten möchten, können Sie der Weserpromenade in nordöstlicher Richtung bis zum Weltkulturerbe Schloss Corvey folgen. Dort wartet mit dem Huxarium das ehemalige Landesgartenschaugelände mit diversen interessanten Gärten und einem virtuellen Archäologiepark.

Ist Ihnen jedoch mehr nach Relaxen und Strandfeeling, folgen Sie der Promenade in südlicher Richtung nach Godelheim. Nur ein paar Kilometer weiter lockt die großzügige Freizeitanlage nicht nur mit Badesee und Seecafé, sondern auch mit Skateranlage, Spielplätzen und viel Grün.

Weserpromenade Höxter · Westerbachstr. 45 · 37671 Höxter · www.hoexter-tourismus.de · Haltestelle: Bahnhof Höxter

Schloss Benkhausen
111

FOTORALLYE IM SCHLOSSPARK

83

Hinter dem Namen Gauselmann verbirgt sich einer der größten Hersteller von Spielautomaten weltweit. Auf Schloss Benkhausen in Espelkamp können Sie nicht nur in die Münzautomatengeschichte des Unternehmens eintauchen, sondern auch den Schlosspark auf ganz besondere Weise erkunden.

Schlösser an sich sind in der Regel beeindruckend. Ein Schloss mit einem eigenen Fähranleger noch mal mehr. Schloss Benkhausen kann sich mit solch einer Anlegestelle am Mittellandkanal brüsten, aber auch noch mit weiteren Besonderheiten, denen Sie auf einem gut zwei Kilometer langen, abwechslungsreichen Rundwanderweg durch den Park begegnen.

Start der interessanten Tour ist der Schlosshof mit altem Kopfsteinpflaster und Wasserspiel, danach gelangen Sie in den Englischen Garten mit schönen alten Bäumen, üppiger Bepflanzung, interessanten Skulpturen, einem Pavillon und vielen Bänken. Weiter geht's im Benkhauser Wald, wo Sie auf einem langen Holzsteg das Feuchtbiotop im Erlenbruchwald durchqueren, und über eine frei schwingende Hängeseilbrücke erreichen Sie dann das andere Ufer der Flöthe. Am Mittellandkanal lohnt es, einen kleinen Stopp zum »Frachterspotting« einzulegen. Der Weg führt weiter durch einen Eibentunnel und über eine Hängebrücke zur »Toteninsel«; über einen Rasenweg erkunden Sie den Begräbnishügel der ehemaligen Schlossherren Familie von dem Bussche-Münch. Auf dem letzten Wegabschnitt schließlich säumen Säulen-Eichen den Weg zurück zum Herrenhaus.

Im Schloss-Café gleich nebenan können Sie per Lupe ein besonderes Puzzle inspizieren, das die Mitarbeiter der Firma Gauselmann im Kleinformat zeigt.

Wer mehr will als den Weg nur genießen, macht den Rundgang zur Foto-Rallye. Dazu müssen Sie an markierten Fotospots Selfies schießen, die beweisen, dass Sie die Strecke absolviert haben. Dafür gibt's im Spielautomaten-Museum eine schöne Urkunde.

Schloss Benkhausen · Deutsches Automatenmuseum · Schlossallee 1 · 32339 Espelkamp · www.schloss-benkhausen.de · Di–Fr 10–17, Sa, So 11–18 Uhr

84 FREIHEIT FÜR DIE FÜSSE

Schuhe aus und rein ins Barfußvergnügen! Im Kurpark von Bad Holzhausen ist das ganz einfach, denn dort steht ein Schuhregal parat, in dem Sie Ihre Treter bis zum Abschluss des Barfuß-Parcours parken können. Und dann geht es los: über Kies und Sand, über Baumscheiben und Steine, über Tannenzapfen und Rindenmulch. Auch ein Moortretbecken ist dabei, und wer mag, macht einen kleinen Ausflug in die Große Aue – in Wirklichkeit ein kleiner Bach. Ein Blindgang lädt Sie dazu ein, die Materialien unter den Füßen ohne Hingucken zu erspüren, Balancierpfade auf Baumstämmen helfen dabei, den Gleichgewichtssinn zu schulen. Und zur Belohnung entspannen Sie auf einer breiten Holzliege mit Blick über die Wiese.

Barfuß- und Sinneslehrpfad Kurpark Bad Holzhausen · Hudenbeck 8 · 32361 Preußisch Oldendorf-Bad Holzhausen · www.tourismus.preussischoldendorf.de/Aktiv-Natur/Kurpark-Bad-Holzhausen · tgl. geöffnet · Haltestelle: Auebrücke Bus 574, 626

85 GROSSARTIGE KLAPPERKONZERTE

Sie können sie hören, bevor Sie sie sehen: die Störche, deren charakteristisches Klappern weithin über das lippische Elbrinxen klingt. Besonders im Frühjahr ist dies sehr eindrücklich, denn auf einem eigens dafür angelegten Gelände nisten Jahr für Jahr sieben Storchenpaare. Im März/April brüten die großen, schwarz-weißen Vögel hier einen guten Monat lang drei bis vier Eier aus, bis im Mai die Jungtiere zur Welt kommen. Und dann wird es spannend: Nicht nur können Sie beobachten, wie die Elternpaare emsig ihren Nachwuchs mit Nahrung versorgen, sondern auch, wenn die jungen Störche fliegen lernen und die ersten Runden über das Dorf drehen.

Storchenstation Elbrinxen · Storchenweg 1 · 32676 Lügde-Elbrinxen · www.elbrinxen.info/verzeichnis/storchenstation · jederzeit zugänglich

Blindgang
Mit geschlossenen Augen kann man hier die unterschiedlichen Materialien besonders intensiv mit den Füßen spüren.

PLANSCHEN BIS ZUM ABWINKEN

86

Begeben Sie sich in Pool-Position und nehmen Sie Platz am größten Planschbecken Ostwestfalens! Das historische Parkbad in Gütersloh bietet nicht nur Abkühlung für die Kleinen, sondern auch Chill-Atmosphäre für die Großen.

Genau genommen ist das im Jahr 1928 im Jugendstil erbaute Parkbad am Rande des Stadtparks von Gütersloh ein Baudenkmal. Ursprünglich bestand es aus einem 50 Meter langen Wasserbecken und einer Badehalle, und in der Anfangszeit war dies eine beliebte Schwimm-Adresse. Doch der Bau neuer, modernerer Bäder in den 1960ern und 1970ern ließ die Besucherzahlen schwinden – außerdem wurde der bauliche Zustand der Anlage bemängelt. Aufgrund der hohen Sanierungskosten lehnte die Stadt Gütersloh den Erhalt des Parkbades ab; stattdessen wurde es 1992 in die Denkmalliste eingetragen. Doch glücklicherweise bedeutete dies nicht das Ende des Badevergnügens: Statt das Becken vollständig zu verfüllen, entschied die Stadt, aus dem 1500 Quadratmeter großen Areal eine Wasserspielfläche mit bis zu 30 Zentimetern Tiefe zu schaffen. Ideal also, um sich mal kurz zwischendurch zu erfrischen oder um die Kleinen beruhigt im Wasser toben zu lassen.

Das Parkbad ist auch eine gute Adresse, um bei Konzerten oder Public Viewings abzuschalten und eine angenehme Zeit in der Pool-Position zu verbringen.

Oder Sie setzen sich einfach an den Beckenrand mit Blick aufs Wasser, gönnen sich einen Cappuccino oder erfrischenden Drink von der Pool-Bar oder versorgen sich mit kleinen Snacks, Pizza oder Currywurst vom Imbiss.

Sie mögen es lieber unkonventionell-sportlich? Dann heißt es, den Picknickkorb auf der angrenzenden Liegewiese auspacken und das Beachvolleyballfeld oder die Tischtennisplatte mit Beschlag belegen. Auch für die Kleinen gibt es hier reichlich Zerstreuung: Sie können den Niedrigseilgarten ausprobieren, auf eine Torwand schießen oder auf dem Trampolin hüpfen. Möglichkeiten sich zu vergnügen gibt es genug!

Parkbad Gütersloh · Am Parkbad 7-9 · 33332 Gütersloh · www.parkbad-gt.de · Öffnungszeiten laut Webseite · Haltestelle: Am Anger Bus 73, 202

87 BURGBERGBLICKE

Ein wenig anstrengen müssen Sie sich schon, wenn Sie zur Burg Vlotho hochlaufen wollen. Denn die Burgruine liegt knapp 100 Meter über der Weser. Doch der Aufstieg lohnt auf jeden Fall, denn vom Burggelände aus erwartet Sie ein fantastischer Blick ins Tal.

Richtig gut erhalten ist sie nicht mehr, die mittelalterliche Burg Vlotho. Nur noch rekonstruierte Reste der einstigen Höhenburg sind erhalten wie Teile der Burgmauer, die Kellergewölbe oder der Palas. Auch dem Burgbrunnen kann man einen Besuch abstatten; er ruht unter einer Abdeckung in Form eines Greifs, eines Mischwesens aus Adler und Löwe. Dieses erinnert an die Sage des Raubritters Kurt von Greifenklau, der angeblich im Mittelalter die Gegend um Vlotho unsicher machte. Vom Turm aus, so heißt es, beobachtete er die Weser: Wenn sich Schiffe mit kostbarer Fracht näherten, eilte er mit seinen Mannen durch einen geheimen, unterirdischen Gang zum Weserufer, wo die Schiffe mit Ketten gestoppt, dann überfallen und geplündert wurden. Die reichen Kaufleute schleppte man anschließend ins Burgverlies, um Lösegeld für ihre Freilassung zu erpressen. So die Geschichte.

> Von der Burg aus gelangt man auf einem schmalen Pfad, dem Apothekerweg, nach unten in die Innenstadt von Vlotho zur sehenswerten alten Apotheke.

Tatsächlich begab sich im Jahr 2002 ein Freiwilliger des Technischen Hilfswerks mit der Hilfe von Kran und Fahrkorb in den Brunnenschacht und ging der Sache im wahrsten Sinne des Wortes auf den Grund. Den geheimen Gang zur Weser fand er nicht, dafür aber viele Münzen und die Brunnensohle in 52 Metern Tiefe.

Doch was interessieren unterirdische Gänge, wenn oberirdisch ein schönes Fleckchen Erde lockt? Nach einem Erkundungsgang über das Burggelände mit herrlicher Weitsicht empfiehlt es sich, auf einem der Liegestühle auf dem Rasen oder im lauschigen Biergarten Platz zu nehmen und bei einem Getränk oder ein paar Tapas die besondere Atmosphäre des Ortes auf sich wirken zu lassen.

Burg Vlotho · Burgstr. 41 · 32602 Vlotho · Haltestelle: Jugendhof/Burg Bus S3

ENTSPANNUNGS-KICK IM GRÜNEN

88

Waldbaden liegt im Trend. Ein Bad unter Bäumen soll nicht nur Stress bewältigen helfen, sondern auch die Lebensenergie beflügeln. Der Heilwald in Bad Lippspringe bietet eine wunderschöne Kulisse, in der Sie diese wohltuende Outdoor-Entspannung ganz individuell für sich ausprobieren können.

Gleich mit drei Kurparks wartet die heilklimatische Kurstadt Bad Lippspringe auf. Und auch einen sogenannten Heilwald gibt es hier – der erste seines Zeichens in Nordrhein-Westfalen: Als europaweit einzigartig wird das Zusammenspiel aus stadtnahem, artenreichem Wald mit einem beruhigenden, reizarmen Mittelgebirgsklima gepriesen.

Bereits seit Ende des 18. Jahrhunderts wurde in Bad Lippspringe auf den Flächen am Rande der Senne Kiefernwald angepflanzt, der die hereinwehenden Sandstürme fernhalten sollte. Durch intensive Aufforstung durchmischte man diesen in den folgenden Jahrzehnten mit Buchen, Fichten und weiteren Nadelholzarten. Daraus entstand dann der Heilwald Bad Lippspringe, der sein Potenzial besonders bei Atemwegserkrankungen entfaltet. Sie können von dem einzigartigen Erholungsgebiet profitieren, indem Sie das Waldbaden auf eigene Faust ausprobieren. Ein speziell dafür konzipierter Flyer, den Sie herunterladen oder in der Touristeninformation erhalten, liefert zehn »Zutaten« für ein gelungenes Waldbad: Diese bestehen aus bewusstem Schlendern, entspanntem Rasten, Wahrnehmen mit allen Sinnen, besonderen Bewegungen wie beispielsweise über Baumstämme balancieren, achtsamem Lenken des Fokus, Entspannen der Augen, tiefem Ein- und Ausatmen, Entdecken von Neuem sowie bewusstem Hineinspüren in den Körper oder Genießen der Stille. Doch all dies sind nur Vorschläge; letztendlich stellen Sie nach eigenem Gusto die Übungen Ihrer ganz persönlichen Auszeit zusammen. Und es geht auch ganz ohne Programm: Einfach durch den Wald spazieren, tief durchatmen und die schönen Baumbilder genießen – auch das entspannt und entschleunigt.

Heilwald Bad Lippspringe · Lindenstr. 1a · 33175 Bad Lippspringe · www.heilwald-badlippspringe.de · Neben dem kostenpflichtigen Haupteingang zur Gartenschau gibt es im übrigen Stadtgebiet auch zahlreiche kostenfreie Zugänge zum Heilwald (siehe Geländeplan)

89 AUF DEN SPUREN DES SACHSENLAGERS

Eine bedeutende frühgeschichtliche Höhensiedlung auf einem archäologischen Wanderweg erkunden – dazu lädt der Tönsberg in Oerlinghausen ein. Außerdem hält er wunderschöne Ausblicke ins Lipper Bergland und in die Senne bereit.

Der informative Lehrpfad beginnt thematisch passend am Archäologischen Freilichtmuseum in Oerlinghausen; der Weg führt Sie dann weiter zum ersten Highlight: bronzezeitliche Hügelgräber auf dem Kamm des Tönsbergs. Danach ist man auch schon mittendrin in der etwa sieben Hektar großen Befestigungsanlage. Die vorzeitliche Fliehburg diente der altsächsischen Bevölkerung der Umgebung als Zufluchtsort bei feindlichen Angriffen und wird daher auch als Sachsenlager bezeichnet. Informationstafeln geben Auskunft über dieses Bodendenkmal: Nicht nur das Befestigungssystem mit verschiedenen Wällen, Gräben, Terrassen und Toren wird ausführlich erklärt, sondern auch wie sich die Anlage im Laufe der Epochen veränderte: von der Latène-Zeit mit einem Hauptwall aus einer Holzbohlenwand über das frühe Mittelalter, in der der Wall aus einer gemörtelten Steinmauer bestand.

Im Freilichtmuseum Oerlinghausen bekommen Sie nicht nur Informationen zum Weg, sondern können auch alte, rekonstruierte Ringwälle besichtigen.

Im Inneren der ehemaligen Wallburg befinden sich auch heute noch die Reste der Tönskapelle, deren Erstbau laut Legende von Karl dem Großen persönlich gestiftet sein soll. Die heutige Ruine aber ist deutlich jünger. Es heißt, ein Mönch habe einst in einer kleinen Kammer des Dachgeschosses gelebt und die Kapelle instand gehalten, denn im Mittelalter war die Tönskapelle oder Hünenkapelle ein Wallfahrtsort für Pilger. Auch der Name Tönsberg hat hier seinen Ursprung: Die Kapelle war dem heiligen Antonius geweiht, und aus Antonius wurde im Laufe der Zeit Töns. Auf der Wanderung kann man auch immer wieder die fantastischen Blicke vom Kammweg aus genießen.

AFM Oerlinghausen · Am Barkhauser Berg 2–6 · 33813 Oerlinghausen · www.teutoburgerwald.de/natur/in-der-natur/tour/oerlinghausen-archaeologischer-wanderweg · Öffnungszeiten laut Webseite · Haltestelle: Kastanienkrug Bus 34, 39, 388, 739

90

GARTEN MIT FLAIR

Ihnen ist nach ein wenig Abwechslung? Dann stehlen Sie sich doch mal kurz in den Palaisgarten am südlichen Rand der Altstadt Detmolds. Hier erwartet Sie eine gelungene Mischung aus Barock- und englischem Landschaftsgarten mit ungewöhnlichen Wasserspielen und besonderen Bäumen.

Ursprünglich war das Neue Palais vor den Mauern Detmolds ein Geschenk des Grafen Adolf zur Lippe an seine Gemahlin Amalie. Rund um das im 18. Jahrhundert errichtete einstige Lustschlösschen ließ der Graf einen Barockgarten anlegen, dessen Flair Sie heute noch spüren. Die insgesamt 7,5 Hektar große Parkanlage diente früher der Anpflanzung von Obst und Gemüse und besaß einen quadratischen Zier- sowie einen Tiergarten. Im Laufe der Zeit jedoch veränderte der Palaisgarten sein Aussehen. Viele der typischen Barockelemente wie Taxuspyramiden, geschnittene Linden und Statuen verschwanden zugunsten der Umgestaltung in einen englischen Landschaftsgarten mit geschlossenen Baumgruppen, teilweise exotischen Gehölzen und Einzelbäumen. Kennzeichnend war zudem ein Wegenetz sowie Rasen und Rosengarten, Bassins, Grotten, Brunnen und Teiche.

> Am benachbarten Friedrichstaler Kanal lässt sich idyllisch vom Residenzschloss bis zur Oberen Mühle flanieren.

Heute spazieren Sie auf Rundwegen durch einen Park mit weiten Rasenflächen und vielen großen, alten Bäumen. Dabei haben heimische Arten wie Linden, Eichen und Ahorn ebenso ihren Platz wie exotische Gewächse (darunter Tulpenbäume, Flusszedern oder Mammutbäume). Zudem wartet der Palaisgarten mit einer ganz besonderen Baumgruppe auf: Bei den sogenannten Zwölf Aposteln wachsen elf alte Linden um einen weiteren Baum herum.

Wunderschöne Wasserspiele machen das Auszeitglück perfekt: Ob Sie an der großen Kaskadengrotte entlangschlendern, dem Froschbrunnen einen Besuch abstatten, die Fontäne im Schwanenteich entdecken oder den Delphinbrunnen bestaunen – immer wieder locken neue, überraschende Details.

Palaisgarten Detmold ·
Neustadt 22 · 32756 Detmold · tgl. geöffnet · Haltestelle: Allee Bus 701, 750, 782, 792

91 AUF ZUR WIEGE LIPPES

Die Falkenburg auf einer Bergkuppe des Teutoburger Waldes bei Berleburg gilt als eine der ältesten Burgen in Lippe. Nachdem sie zu großen Teilen wieder ausgegraben wurde, beeindruckt die Ruine heute mit spektakulärem Panoramablick und mystischem Flair.

Wenn Sie die Geschichte der Falkenburg nachverfolgen, werden Sie immer wieder auf das Geschlecht derer zur Lippe stoßen. Denn als eines der ehemals führenden Adelsgeschlechter Nordwestdeutschlands waren es die zur Lippes, die den Bau der Burg initiierten. Hierbei war Bernhard II. Edelherr zur Lippe ab 1190 federführend, später sein Sohn. Heute ist die Falkenburg im Besitz von Stephan Prinz zur Lippe, einem direkten Nachfahren des Erbauers.

> Die Falkenburg lässt sich auch wunderbar erwandern. Wenn Sie mögen, sogar auf einem Rundkurs in Kombination mit den bekannten Externsteinen.

Die einstige Höhenburg auf dem Falkenberg, die aus Ringmauer, Bergfried, Palas, Vorburg und Zwinger bestand, musste diversen Belagerungen standhalten und war einem Brand ausgesetzt. In der ersten Hälfte des 16. Jahrhunderts wurde sie verlassen und war somit dem Verfall preisgegeben. Das endgültige Aus kam jedoch, als man die Ruine Anfang des 19. Jahrhunderts zum Steinbruch erklärte und in Folge viele Steine abtrug.

Aber zum Glück wurde der Zerstörung Einhalt geboten. Seit dem Jahr 2005 kümmert sich ein Förderverein um den Erhalt und die Sanierung des Bodendenkmals. Durch archäologische Grabungen trug man nicht nur den Bergkegel ab, sondern brachte auch im Erdreich aufragendes Mauerwerk von bis zu drei Metern ans Tageslicht. Zudem wurden etliche Gebäude freigelegt.

Ob Alt oder Jung: Es macht Spaß, zwischen all diesen dicken Mauern umherzulaufen und so die Falkenburg aus verschiedenen Perspektiven zu entdecken und zu erforschen. Doch vor allen Dingen sollten Sie innehalten und sich Zeit nehmen, um den phänomenalen Weitblick zu genießen.

Ruine Falkenburg · Falkenburgweg · 32760 Detmold · nur per Wanderweg zugänglich · Parken auf Schotterfläche rechts neben Landhaus Hirschsprung · Paderborner Str. 212 · 32760 Detmold · www.falkenburg-lippe.de

SPAZIEREN RUND UM DIE BURG

92

Die meisten Besucher der Werburg schauen sich das Museum mit den alten Kanonenkugeln an. Oder sie lassen sich draußen im Burghof die Geschichte des goldenen Löffels erzählen. Am meisten Entspannung verspricht aber ein idyllischer Spazierweg, der um das Gelände herum führt.

Eine traurige Begebenheit ist Anlass dafür, dass im Mai in der St.-Martins-Kirche in Spenge auch heute noch die Totenglocke geläutet wird. Dahinter steckt die Legende vom goldenen Löffel: Eine Magd, die auf der Werburg diente, soll einst einen goldenen Löffel gestohlen haben. Obwohl sie ihre Unschuld beteuerte, wurde sie des Diebstahls für schuldig befunden und kurz darauf hingerichtet. Nach einigen Jahren jedoch – so die Legende – fand man in einem Nest besagten Löffel, den eine diebische Elster dorthin getragen hatte. Die Trauer um das unschuldig hingerichtete Mädchen war groß; der Burgherr spendete der Kirche Geld, um die Tat zu sühnen. Zum Andenken an dieses Ereignis und zu Ehren der Magd erklingt bis heute eine Glocke mit dem Namen »Wahrheit«.

Die Elster ist nicht nur Protagonistin der alten Sage, sondern auch Namensgeberin einer kleinen, idyllischen Erlebnis-Spazierstrecke von der Werburg zur Mühlenburg. Auf dem etwa ein Kilometer langen Weg durch den neu gestalteten Grünzug Elsterweg finden Sie außergewöhnliche Kletterstationen vor wie ein überdimensionales Elsternest, nach Lust und Laune können Sie Freiluftsportgeräte ausprobieren, Aussichtspunkte und Ruhebänke genießen. Außerdem verraten Infotafeln auf dem gemütlichen Spazierweg interessante Details über den Vogel Elster – und was es wirklich mit der sprichwörtlichen diebischen Elster auf sich hat. Wer mag, löst zudem kleine Suchaufgaben.

Den Rückweg können Sie individuell gestalten: Entweder Sie spazieren auf gleicher Strecke zurück oder Sie machen einen Rundkurs über den parallel verlaufenden Sommerweg, wo neben einer schönen Picknickbank auch ein toller Natur-Spielplatz sowie Wiesen mit alten Obstsorten locken.

Elsterweg an der Werburg Spenge · Werburg 1 · 32139 Spenge · Haltestelle: Mühlenburger Straße Bus 467, 606, 607

93 TURMGEFLÜSTER

Hinein ins alte Gemäuer und sich ein bisschen gruseln – das ist das kleine Extra, das Sie erwartet, wenn Sie die Ruine der Burg Limberg nicht nur von außen erkunden, sondern sich in den alten Bergfried hineinwagen.

Die Kette gelöst – den Schlüssel umgedreht – und schon stehen Sie drin im Turm. Ein kalter Hauch durchweht die alten Mauern aus dicken Bruchsteinen. Schemenhaft lassen sich ein Kamin sowie Reste von alten Gemächern erkennen, ansonsten ist es dunkel; nur durch die Schießscharten fällt etwas Licht in den Raum. So viel zum gruseligen Szenario des Limburg-Turms. Doch so sah es hier nicht immer aus. Denn der mächtige, zwölf Meter hohe Bergfried diente einst als Behausung. Zumindest in der Mitte. Im unteren Geschoss befand sich wahrscheinlich ein Gefängnis, oben eine Aussichtsplattform. Der mittlere Teil jedoch wurde als eigenständiger befestigter militärischer Wohnturm genutzt. Dieser war von unten nicht zugänglich und nur über hoch liegende Zugänge zu erreichen. Im Falle der Eroberung der Burg war der Turm der letzte Zufluchtsort.

> Lebendig wird die Burggeschichte, wenn Sie eine speziell für die Limburg entwickelte App installieren: preussischoldendorf.erleben.app.

Aber das ist lange her. Denn seit dem 17. Jahrhundert war die alte Burg dem Verfall preisgegeben. Von der einstigen mittelalterlichen Wehranlage mit Torhaus, Wirtschafts- und Wohngebäuden sowie Stallungen sind heute nur noch Mauern und Wälle erhalten sowie der Bergfried.

Umso spannender ist es, wenn Sie sich im Wohnturm umschauen und Ihre Fantasie spielen lassen: Wie mag es wohl ausgesehen haben, das Leben der Bediensteten der regierenden Grafen, die hier gewohnt haben?

Spaß macht es auch, draußen auf den alten Wallanlagen an der Burgmauer entlangzuspazieren, die Dimensionen der Burg zu erlaufen und sich von der Atmosphäre der Anlage und der Gerichtslinde am Weg in mittelalterliche Welten entführen zu lassen.

Burg Limberg · Burgstr. 3 · 32361 Preußisch Oldendorf · Schlüssel beim Haus des Gastes · Hudenbeck 2 · Tel. 0 57 42/931 12 00 · Mo–So 9–18 Uhr

94

KLEINER ZWISCHENSTOPP

Eine Berghütte in Ostwestfalen-Lippe? Ja, Sie haben richtig gelesen. Auch wenn diese Hütte nur in einem Mittelgebirge steht; dem Teutoburger Wald, um genau zu sein. Dafür aber liegt sie an einem der Top-Wanderwege Deutschlands, dem 156 Kilometer langen Hermannsweg – benannt nach dem gleichnamigen Cheruskerfürsten – und dazu mit phänomenaler Fernsicht ins Ravensberger Land. Dieser Stopp ist ideal, wenn Sie sich bei einer Wandertour am Wochenende im Winter mit heißem Tee aufwärmen oder im Sommer mit einem Kaltgetränk erfrischen wollen. Gemütliche Hüttenatmosphäre und schöne Bänke rundherum laden dazu ein, genüsslich auszuruhen und diesen besonderen Spot auf dem Kamm des Teuto zu genießen. Ortsübersichten helfen bei der Orientierung.

Berghütte Zur Schwedenschanze · Kammweg · 33619 Bielefeld www.teutoburgerwald.de/region/ausflugsziele/mein-ziel/schwedenschanze · www.facebook.com/teuto2020 · Sa, So 10–17 Uhr

95

SANDIGE SENNE

Dünen hören sich zuerst einmal nach Meer an. Da lagen sie früher auch, die Binnendünen der Senne – zu Eiszeiten. Heute verblüfft das Relikt vergangener Epochen durch seine bizarre Fremdartigkeit inmitten des Teutoburger Waldes. Auf einem rund vier Kilometer langen Rundweg können Sie die ältesten Binnendünen Nordwestdeutschlands durchwandern und dabei gleichzeitig schöne Heidelandschaft genießen. Große Sandsteinblöcke helfen, den Weg auch ohne Navigationssystem zu finden, und von Aussichtsplattformen schweift der Blick weit über Sand und Heide. Relax-Liegen und Informationstafeln vervollständigen das besondere Landschaftserlebnis.

Augustdorfer Dünenpfad · Start: Heidehaus · Dachsweg 1 · 32832 Augustdorf · www.teutoburgerwald.de/natur/in-der-natur/tour/duenenpfad-augustdorf-rundwanderweg

96 KLOSTER, KIRCHE, KUNST

Den europäischen Gedanken manifestieren – das war die Grundidee des im Jahr 1979 angelegten Skulpturenparks in Willebadessen. Dem Jahr, in dem die Abgeordneten des Europäischen Parlaments zum ersten Mal direkt von Bürgern gewählt wurden. Ausgewählte Werke europäischer Künstler sollten dabei helfen.

Heute ist außer den beiden Großplastiken *Zweiklang* von Hans Huschka und der Betonskulptur *Farbspiel* von Herbert Aulich sowie ein paar Exponaten innerhalb des Klosterbezirks von der ehemaligen Skulpturenausstellung nicht mehr viel zu sehen; dennoch lohnt sich ein Besuch des Schlossparks Willebadessen, zählt er doch laut einer Werbeschrift des Kreises Höxter zu den »kleinen Paradiesen in OstWestfalenLippe«. Und in der Tat – schon gleich, wenn Sie das im Jahr 1801 erbaute Torhaus passieren, haben Sie das Gefühl, mit dem Klosterareal ein wenig die Alltagswelt hinter sich zu lassen. Sie passieren die ehemalige Schmiede – heute Haus des Gastes – und laufen dann in Richtung Klosteranlage. Ein Relikt vergangener Zeiten und Zentrum der Anlage ist natürlich das imposante Konventsgebäude des im Jahr 1149 gegründeten ehemaligen Benediktinerinnenklosters; direkt angrenzend beeindrucken die alten Bauten der barocken Kirche St. Vitus mit Kreuzgang, Kapitelsaal und Gründerkapelle.

Und auch die alten Wirtschaftsgebäude mit den bunt bemalten Toren zaubern ein ganz besonderes Flair vergangener Zeiten in den Park. Genauso wie der alte Äbtissinnengarten, der den Eindruck einer historischen Kulisse vermittelt. Nehmen Sie doch einfach im Rosengarten Platz und lassen Sie sich durch das besondere Ambiente verzaubern! Aber auch die weitere Erkundung der idyllischen, sieben Hektar großen Klosteranlage lohnt sich, denn nicht umsonst gilt diese als eine der schönsten im Raum Paderborn-Höxter: Sie laufen durch weite Wiesen mit alten Bäumen und passieren schön angelegte Teiche. Ein wunderbarer Spaziergang, um abzuschalten und die Ruhe und Abgeschiedenheit des Klosterareals zu genießen.

Schlosspark Willebadessen · Klosterhof 2 · 34439 Willebadessen · www.gaerten-in-westfalen.de/de/garten-und-parks-in-westfalen-lippe/zu-den-garten-und-parks-in-westfalen-lippe/willebadessen-kloster-und-schloss · ganzjährig zugänglich · Haltestelle: Haus des Gastes Bus R31, R54, 432

MIKROKOSMEN HINTER GLAS

97

Draußen grasen Ponys, Ziegen springen umher, Hühner scharren in der Erde, und Enten paddeln auf der Gräfte. Drinnen warten Piranhas und Clownfische, Geckos und Pfeilgiftfrösche. Was zuerst wie ein krasser Gegensatz klingt, ist auf Gut Bustedt im Kreis Herford eine spannende Kombination.

Das Biologiezentrum Bustedt hat sich praktische Umweltbildung auf die Fahnen geschrieben. Zu diesem Zweck führt der gemeinnützige Verein auf dem Gelände des alten Wasserschlosses Bustedt vielfältige Angebote zu ökologischen Themen durch. Die heimische Flora und Fauna spielen dabei eine große Rolle. Doch auch exotische Welten haben hier ihren Platz, denn der örtliche Aquarien- und Terrarienverein betreibt im alten Gutshaus eine Dauerausstellung mit Meer- und Süßwasserbecken, mit Biotopen wie Sumpf und Regenwald. Dementsprechend artenreich sind auch deren Bewohner.

Gleich im Eingangsbereich des Gutshauses haben Sie beispielsweise Gelegenheit, echte südamerikanische Piranhas anzuschauen, und hier befindet sich auch noch ein Seewasserbecken mit Clownfischen, Anemonen, Korallen und Garnelen. Das sind Pflanzen und Fische, von denen man zumindest schon mal den Namen gehört hat. Doch dann wird's richtig exotisch: Wenn Sie weiter durch die Flure des Gutshauses schlendern, kommen Sie an einem Südamerika-Aquarium mit Rotblauen Kolumbianern und Salmlern vorbei sowie einem Asien-Aquarium mit asiatischen Bärtlingen. Das sagt Ihnen nichts? Macht nichts, schön bunt sind sie und hübsch anzusehen.

Ein wenig schwerer zu finden sind die Bewohner der Terrarien. Es dauert eine Weile, bis man die Pfeilgiftfrösche, Geckos und Tausendfüßler findet, die sich perfekt getarnt inmitten verschlungener grüner Pflanzen und Äste verstecken. Und auch so exotisch klingende Arten wie Gelbbauchunken, Regenbogenelritzen oder Baumsteiger sind hier zu Hause. Oder Schützenfische, die mit Wassertropfen auf Insekten schießen. Es gibt also jede Menge zu entdecken und zu bestaunen.

Biologiezentrum Bustedt · Gutsweg 35 · 32120 Hiddenhausen · www.at-bzb.de · So 11–13 Uhr · Haltestelle: Industriestraße Bus 647

98 IM ALLTÄGLICHEN DAS BESONDERE SEHEN

Als bäuerliche Kulturlandschaft versteht sich das Gebiet rund um den Schelphof im Osten Bielefelds. Einen neuen Zugang zu dieser scheinbar alltäglichen Umgebung bietet der Erlebnispfad der Landwirtschaft mit vielen Stationen, an denen Sie sinnlich wahrnehmen, spielen oder entspannen können.

Der Info-Pavillon ist das Erste, was Ihnen auf dem Schelphof begegnet. Dort finden Sie gleich den passenden Einstieg, denn neben vielen Infos zur Landwirtschaft gibt's hier auch den Führer für den Erlebnispfad. Und dann geht es los auf den Weg, bei dem Sie die Landschaft, die Sie umgibt, bewusst wahrnehmen und entdecken. Zu dem etwa zweistündigen Rundgang durch Feld und Flur gehört zuerst einmal das Innehalten auf der Brücke über das Flüsschen Lutter. Dann geht's raus ins Feld. Durch Rahmen und Sehrohre lenken Sie Ihren Blick auf bestimmte Aspekte in der Landschaft und fokussieren beispielsweise den Wald oder die weite Sicht übers Feld. Reste eines Barfußpfades und ein »Heckenwohnzimmer« laden zu einer ganz anderen Art der Wahrnehmung ein; auf Sitzgruppen und Bänken können Sie eine geruhsame Pause einlegen, den Blick über die Landschaft schweifen lassen oder picknicken. Manchmal ist nicht Wahrnehmung, sondern Wissen gefragt. Bei dem Acker-Fruchtfolge-Spiel geht es um die optimalen Wachstumsvoraussetzungen der Feldfrüchte in der Umgebung.

Zur Kulturlandschaft gehört auch die menschengemachte Veränderung. Darum durchstreifen Sie eine Siedlung, bevor Sie sich anschaulich mit alten Landschaftsformen wie einer Flößwiese anhand eines begehbaren Bodenprofils von tieferliegenden Erdschichten beschäftigen. Alte Besiedlungsreste wie ausgeschlagene Obstbäume liegen am Weg, Schuppen und Hecken. Immer wieder helfen metallene Bilderrahmen dabei, den Blick auf bestimmte Objekte zu lenken und die eigene Lebenswelt auf spannende Art und Weise neu zu entdecken: Dazu zählt eine verfallene Feldscheune ebenso wie die benachbarte Müllverbrennungsanlage als Merkmal unserer Industriegesellschaft.

Naturpädagogisches Zentrum Schelphof e.V. · tgl. geöffnet · Eckendorfer Str. 311 · 33609 Bielefeld · www.npzschelphof.de · Parken an der Wiesenstraße laut Ausschilderung · Haltestelle: Am Großen Wiel Bus 25, 30, 133

MEHR ALS EIN BIKER-TREFF

99

Als Biker-Burg ist sie bekannt. Doch die Tonenburg im Weserbergland hält auch für »normale« Ausflügler viele Highlights bereit. Außerhalb der Motorradsaison von Oktober bis April locken ein uriges Bistro, ein Mini-Zoo und ein kleines Museum im Kellergewölbe.

Ehemals war die Tonenburg eine Trutzburg, eine Flucht- und Fliehburg, die die Äbte von Corvey, Mönche und Bevölkerung vor den Raubrittern im 14. Jahrhundert schützen sollte. Und auch heute noch macht die mittelalterliche Verteidigungsanlage mit Burg, Ackerhaus und alten Wirtschaftsgebäuden einen durchaus wehrhaften Eindruck.

Doch mittlerweile wird das imposante Anwesen, das hoch über der Weser liegt, nicht mehr als Zuflucht genutzt, sondern es dient als Treffpunkt für Motorradfahrer. In einem 1998 gegründeten Hotel verbringen Biker aus ganz Europa ihr Wochenende, lassen sich verzaubern vom Ambiente der Burg, genießen die Kurven im Weserbergland sowie Benzingespräche unter Gleichgesinnten.

Aber auch wenn Motorradfahren nicht Ihr Ding ist, kommen Sie hier auf Ihre Kosten. Denn die Tonenburg liegt ideal für einen Zwischenstopp auf dem Radweg an der Weser und hat sogar einen eigenen Kanuanleger. Gemütliche Einkehr verspricht die Alte Brennerei auf dem Burggelände. Versteckt zwischen dicken Steinmauern brannten die Corveyer Mönche bis Anfang des 18. Jahrhunderts hier ihren Alkohol, und bis in die 1970er-Jahre diente das Gemäuer als Viehstall. Heute lockt nicht nur das urige Ambiente, sondern zudem ein Kuriosum: Im Gastraum liegt die Hälfte eines 700 Jahre alten, 18 Meter tiefen Brunnens; die andere Hälfte außen davor.

Es ist auch lohnenswert, das übrige Burggelände zu inspizieren. Auf der Wiese freut sich ein kunterbunter Mix aus Hunden, Katzen, Ziegen, Kaninchen und Eseln aus der Tierrettung auf eine kleine Streicheleinheit. Historisch Interessierte hingegen sind im Gewölbe der Trutzburg goldrichtig, wo eine kleine Ausstellung die spannende Geschichte der Tonenburg erzählt.

Tonenburg GmbH & Co. KG · Thonenburg 1 · 37671 Höxter · www.tonenburg.de · Haltestelle: Friedhof Bus R21

100 KLOSTERFEELING MAL ZWISCHENDURCH

Für eine kleine Auszeit – tief durchatmen und runterkommen – ist der Garten des Klosters Wiedenbrück genau richtig. Denn umgeben von dicken Mauern können Sie hier wunderbar entspannen, lesen oder einfach nur durch die denkmalgeschützte Anlage spazieren und sich an der bunten Vielfalt erfreuen.

Mitten in der Stadt und doch etwas versteckt liegt der Klostergarten Wiedenbrück. Doch eigentlich müssen Sie nur durch die Pforte ins Innere der Klostermauern schlüpfen und einen kleinen Vorgarten passieren. Durch einen weiteren Torbogen betreten Sie dann eine andere Welt. Eine Welt, in der es duftet und summt, in der bunte Blumen leuchten, in der Gemüse und Obst gedeihen. Erst bei näherem Hinsehen lässt sich die klare Struktur eines alten Klostergartens erkennen, der aus einem Geviert mit kreuzförmig angelegten Wegen besteht und dessen Mittelpunkt ein Rondell mit denkmalgeschütztem Kreuz bildet.

Eine besondere Art der Verkostung bietet die kulinarische Klosterführung mit Himbeerwein und Patersbier. Dazu wird selbst gebackenes Brot gereicht.

Am besten tauchen Sie ein in die besondere Atmosphäre des Gartens, indem Sie über die buchsbaumbestandenen Wege oder durch den Laubengang flanieren oder auf einer der zahlreichen Bänke innehalten und die Ruhe und Stille genießen. Auch zur geistigen Erbauung finden Sie Raum und Gelegenheit, denn das alte Gartenhaus dient als offener Bücherschrank. Der ehemalige Franziskanergarten, der wie das Kloster von einer Genossenschaft betrieben wird, lockt aber auch mit einem Spalier aus Obstbäumen, das nach alter Vorlage wiederhergestellt wurde, sowie mit duftenden Rosen und Stauden. Möchten Sie das, was im Garten wächst auch probieren, schauen Sie am besten im Klosterladen »alte Küche« vorbei. Denn dort können Sie einige der Ernteerzeugnisse erwerben: Ofentomaten zum Beispiel, die zu köstlicher Tomatensauce verarbeitet wurden, Honig der garteneigenen Bienenvölker, Apfelsaft oder Pesto aus selbst gezogenen Kräutern – je nach Jahreszeit.

Kloster Wiedenbrück · Mönchstr. 19 · 33378 Rheda-Wiedenbrück · www.HOME – Kloster Wiedenbrück (kloster-wiedenbrueck.de) · Garten Mo–Fr 9–17, Sa 10–13, So (im Sommer) 10–17 Uhr · Haltestelle: Rietberger Tor Bus 76

IMPRESSUM

Verantwortlich: Claudia Hohdorf
Lektorat: Rosemarie Elsner
Layout: BUCHFLINK Rüdiger Wagner
Repro: LUDWIG:media
Korrektorat: Christiane Gsänger
Umschlaggestaltung: Nina Andritzky
Kartografie: Kartographie Huber, Heike Block
Herstellung: Alexander Knoll
Printed in Poland by CGS

★★★★★

Sind Sie mit diesem Titel zufrieden? Dann würden wir uns über Ihre Weiterempfehlung freuen. Erzählen Sie es im Freundeskreis, berichten Sie Ihrem Buchhändler, oder bewerten Sie bei Onlinekauf. Und wenn Sie Kritik, Korrekturen Aktualisierungen haben, freuen wir uns über Ihre Nachricht an Bruckmann Verlag, Postfach 40 02 09, D-80702 München oder per E-Mail an lektorat@verlagshaus.de.

Unser komplettes Programm finden Sie unter www.bruckmann.de

Alle Angaben dieses Werkes wurden von der Autorin sorgfältig recherchiert und auf den aktuellen Stand gebracht sowie vom Verlag geprüft. Für die Richtigkeit der Angaben kann jedoch keine Haftung übernommen werden.
In diesem Buch wird aus Gründen der besseren Lesbarkeit das generische Maskulinum verwendet. Weibliche und anderweitige Geschlechteridentitäten werden dabei ausdrücklich mitgemeint, soweit es für die Aussage erforderlich ist.

Bildnachweis: Alle Bilder im Innenteil und auf dem Umschlag stammen von Dagmar Höner, außer: Reimar Ott, S. 3; Kaffeewelt Eisbrenner, S. 21 (2); Biohof Jacobi (5); Katzentempel Minden, S. 34 o.; Privatbrauerei Barre, S. 71 o.; Wikimedia Commons, S. 76 o., 129 (2) (Grugerio), 76 u. (Orgelputzer), 134 (2) Tsungam; Muehlenverein Minden-Luebbecke, S. 84 u.; Ilser Webgemeinschaft e.V., S. 94 u.; Klang!Festival e.V., S. 102 u.; Frederik Köhler, S. 110; Museumshof Rahden, S. 138 u.; Volker Zimmermann, S. 145 (2); Hans Münstermann, S. 152; Sabine Gebel, S. 155 u.; Rila.Die Genussentdecker, S. 156 (2); Parkbad Gütersloh, S. 164 u.; Thomas Schäffer, S. 184; Gesine Kramer, S. 188 u.; Kloster Wiedenbrück, S. 191 (2)
Umschlagvorderseite: istockphoto/JFsPic

Die Deutsche Nationalbibliothek verzeichnet diese Publikation in der Deutschen Nationalbibliografie; detaillierte bibliografische Daten sind im Internet über http://dnb.d-nb.de abrufbar.

ISBN 978-3-7343-3082-7